滄海叢刊

台灣的社會發展

席 汝 楫 著

1989

東大圖書公司印行

臺灣的社會發展／席汝楫著 －－初版－－

台北市：東大出版：三民總經銷，民78

〔4〕，174面：圖；21公分

參考書目：面157-174

ISBN 957-19-0006-0 （平裝）

ISBN 957-19-0007-9 （精裝）

1.社會變遷－臺灣　I.席汝楫著

673.255/8434

© 台灣的社會發展

著　者　席汝楫
發行人　劉仲文
出版者　東大圖書股份有限公司
總經銷　三民書局股份有限公司
印刷所　東大圖書股份有限公司
地址／臺北市重慶南路一段六十一號二樓
郵撥／〇一〇七一七五一〇號
初　版　中華民國七十八年七月
編　號　E 54080①
基本定價　肆元肆角肆分
行政院新聞局登記證局版臺業字第〇一九七號

ISBN 957-19-0007-9

自　序

　　近百年來的臺灣，雖歷經挑戰，卒能渡厄自強。先是清季在臺建省，開拓經營，期固海疆。繼則日本割據，殖民南進。臺灣光復，重歸我國。政府播遷，勵行圖治。四十餘年來，經濟繁榮，社會發展快速，躋入新興工業國家之一。臺灣之經濟社會發展遂引起各界研究的興趣。

　　歷來討論社會變遷之理論，派別林立，分歧而多。現代化理論強調傳統文化倫理價值與經濟行為的關係。世界體系理論則以經濟的生產運作而分工而形成世界性的一個大型系統。一個國家的經濟發展端視其在世界經濟體系中所居的地位及經濟運作分工系統中的角色而定。關於臺灣的經濟發展，社會科學界多有論述。經濟成長與發展之各項指標更是所在多見。社會成長與發展方面的研究，近十多年以來，業已展開，並且受到相當的重視。

　　在一九六〇年代初，美國倡導簡明易懂的各種社會指標，作為策制定者的決策依據。我國在一九八〇年代初也開始了社會指標運動，推展社會指標之有關研究與討論。應用各項社會指標明瞭社會發展趨勢，指出國家或社會之變遷，藉以評估行政措施之得失，進而提出更周詳而精密的新政策或方法，以資因應。

　　社會指標研究是評估研究的一種方式，也是政策研究之一。研究者以及一般大眾皆是基於共同的一種信念。社會是日益進步的，即是存有各種問題與缺失，是可以改善的。而且生活之提升是逐漸達成的；各種預期目標是可實現的。這方面的改善與進步，需要一些衡量的標準與工具。通常所稱生活素質之研究，猶如溫度計之用於測量氣溫之升降，亦可用以測量社會成長與發展之程度。生活素質之量度工具即是社會指標之實際應用。簡言之，社會指標是一種時間序列的指數，用以顯示社會的各種情狀，以及社會變遷的趨勢。

社會指標的種類及內容由於應用範圍不同而有差別。如果預先設定一種社會發展的目標，期望社會進步，生活素質提升，這類指標稱爲社會福祉指標。這是評估公共政策的依據。如果考應個人生活上所獲致的效果，個人主觀的或相對的滿意程度，並且應用社會調查方法，獲知民眾對生活的主觀認知，衡量心理上的滿足程度，幸福與否，以及與預期水準符合的程度，這類指標則稱之爲生活滿意指標。另有一種社會指標應用在教育方面，用之啓迪民智，使之瞭解社會發展情況及社會變遷的趨勢。這類指標稱爲報導的社會指標。一般的社會報告屬之。社會學上的研究重點也着重在這類指標，一方面可以資以瞭解社會趨勢；另一方面，可以尋求不同社會指標的含義，及其間的關聯，進而建立社會指標模型，並且據以改善社會報告制度。

本書作者教學之餘，從事於我國社會指標的研究多年，利用各種社會報告中的資料，尋求各項指標之間的關聯，期以建立我國的社會指標模型。此外，筆者也執着一份信念。社會研究方法乃在於證驗社會理論。社會理論中衍生的假設是有待求證之命題，加以檢證，實徵性研究是一種手段，目標則在於精鍊理論，形成定理，成爲科學的知識。基於這種認識，作者企求依據理論，進行不同的實徵性研究，期求檢證理論，達成目標。

近來探討世界體系理論者頗眾，依賴理論亦甚流行。論者以爲臺灣經濟發展爲依賴理論之異數。作者乃就此意，進行實徵性研究，支持此說。心理學家馬斯洛有基本需求之階梯理論，作者就我國各項社會指標，依各種需求加以分類，比較不同時期內，各種需求之滿足程度。另外，就臺灣不同縣市，依基本需求之項目，比較客觀指標與主觀指標之滿足程度。世界各國或地區其經濟、社會、及政治三者，發展程度各不相若。作者依不同經濟制度分類，計算得一種綜合指標，比較各國的發展程度。並就各項指標尋求經濟、社會及政治三種指標之間的關聯程度。發現資本主義社會與社會主義社會其間差異頗大；其中含義，頗堪深思。現代社會特點之一即為社會流動之頻繁。經社地位取得模型乃為廿年以來，社會學研究之重要課題；社會流動與參與且為社會指標研究主題之一。作者就我國大學學生之樣本進行地位取得模型之實徵研究，並期尋求影響預期職業地位之各項因素。

我國社會變遷之趨勢，今後亟需深入探討。由於經濟快速發展，已不再是自給自足的，業已溶合於世界經濟體系之中。高科技的引入，工業時代轉為資訊時代。政治方面的多元化，大眾參與的程度因傳播媒體提供快捷訊息，更形開放。社會結構與文化價值遞變不已。凡此種種，對社會科學者亟富挑戰性。為瞭解今後我國社會發展趨勢，社會指標方面之研究自宜加強。一方面提供建議作為決策之依據；另一方面，就長期觀點而言，長期設計之考慮，亦宜預為之計。

本書所列各篇，皆經陸續發表。經徵得東海學報同意，允予另行集印，十分感謝。撰寫期間，承同仁、同學、友人等多方賜助，感意可感。三民書局劉振強先生惠允出版，同此致謝。

席 汝 楫 謹識

中華民國七十八年六月

臺灣的社會發展　目次

臺灣的社會變遷　目次

一 緒言：社會發展與社會指標

　　研究與發展為雙軌併行之要務。發展的目標在增強國力，提高國民生活水準，創造更多福祉。研究之目標則在追求發展。從事研究工作與謀求發展的人雖各不同，終極目標則一。科技研究在於增進工業與農業之發展，自然資源之開發，以及自然環境之維護。另外在增進物質生活之外，同時亦注意及社會福祉，建立均富安和之生活環境。這些便是經濟發展與社會發展的目的。不過，研究發展通常指的是經濟發展，社會發展比較不常提及，未受重視。但是不論是經濟的或是社會的，發展是一個核心概念，乃是指各種成長與變遷的過程而言。成長是指量方面的增長，變遷則指質方面的變動。經濟成長是指物品及勞務在產量上之增加，致使國民所得提高。經濟發展則是在經濟成長之外，包括了生產技術的改進，儲蓄及投資額之增加，經濟結構及經濟制度上（如企業組織、租稅制度等）的改變。所以經濟發展除了成長的意義之外，還包含了在動態的過程中，有制度上變遷的意義。社會發展之含義與經濟發展一樣，可用成長與變遷的概念加以說明。由於國民所得增高，生活水準提升，衣食住行得以改善，這是社會成長。在社會成長之外，社會結構與制度、文化價值、社會規範、以及社會態度等方面的改變，便是社會發展。社會結構的變遷可使社會階層之間的流動增加，達成機會的平等。社會制度的變遷則可使更多的人有普遍參與決策的機會。社會態度（心理建設）與文化價值（文化建設）的變遷，可以改變人力資源之參與，提高個人之工作效率以及責任心。社會發展過程中各方面的變遷，都可能影響到經濟成長與發展；反過來說，也是如此。經濟發展與社會發展交互運作，彼此影響，息息相關。發展一事原無法把經濟發展與社會發展分開來討論，因爲在發展的過程中，二者互依互賴，相互支援，密不可分的。

在發展的過程中，不論在經濟方面或社會方面，成長與發展都有先後參差不齊的情況。在某一期間，經濟已有成長，但在經濟結構方面却未能隨之改變。例如，某一工業，生產量雖已提高，工廠却爲家族所有，只由一家一族管理經營。同樣的情形在社會發展方面也發生先後參差不一的情況。例如生活水準提升了，文化價值却未改變，求神還願，明牌、謠祀不一而足。這些都是在社會發展方面產生了失調的現象。在發展過程中產生的這些失調現象，若不及早注意消解，則會影響到社會的平衡與和諧；這是不能不注意的課題。此外，制定政策的目標，在求經濟與社會發展，并加強科技研究用以達成目標。但是在制定政策之先，須瞭解目前以及過去的情況，以便據以擬定各種發展計劃，再據以考核各種計劃的成效。爲了評估各種計劃的成效，去衡量發展的成果是極其重要的一件事。

關於如何衡量發展成果的工作，首先有賴於各種經濟統計與社會統計之蒐集、分析、說明及闡釋。經濟發展與社會發展促使國力增強，國民生活品質改善，社會福祉增進。唯如何衡量國力？生活品質？社會福祉？又增強或改善到何種程度？與別的國家比較相差幾許？這些都是衡量的方法上及技術上的重要課題。經濟發展計劃與增加生產有密切關係：細密分工，擴大生產機構，增加就業機會，發展人力資源，推行職業訓練，使新的勞動力順利進入勞動市場；增加儲蓄，加強國際支付能力。同時開發國內比較落後的地區，這些都是經濟發展的重要課題。經濟發展的成果通常則用國民生產毛額衡量之。不過，無論是國民生產毛額，或是每人平均生產毛額，用來衡量經濟成長固差強人意，但用來衡量經濟發展或社會發展就有其不足之處。社會發展牽涉到全民的福祉；最明顯的一項就是所得分配的均勻，也就是我們一直強調的均富理想。國民生產毛額無法說明國民所得分配情況，更不能估量人民實質上的福祉。這是歷來爲人詬病的一點。爲了避免這種缺點，於是有人設法利用別種統計數字，客觀而普遍地來衡量社會經濟發展的成果。

　　人類社會歷來早已設法蒐集各種統計材料，作爲施政的張本。就希伯來人的歷史來看，舊約聖經中已有這類例子；在我國歷史上，大禹時代也有計民數的記載。如以美國的例子來看，更可說明衡量社會經濟發展在方法上與技術上的進展。美國憲法規定舉行定期的人口普查。一七九〇年以來，每十年舉行一次。普查項暨所及範圍歷有增加。美國總統每年年初向國會提出預算以及經濟報告；其他更有統計要覽、勞動力報告、經濟指標等等編纂出版，不一而足。但是，這些主要的還是以衡量經濟成長與發展爲主。到詹森時代提出大社會的想法，企圖改善環境與社會結構，增進社會福祉，并追求人類幸福。在這種情形下，已經不是單由經濟統計所能衡量的了。因爲不僅要考慮到成長方面數量上之多寡，更進而在質量上、品質上要表示出好到什麼程度。經濟統計或經濟指標只是就社會中的一部份，或者一方面的情狀加以衡量。這樣還是不夠的，需要更進一步就整個社會的情狀，蒐集更多更廣的材料，來衡量社會全部的發展趨勢。早在一九四〇年代，胡佛研究委員會便着手研究美國社會趨勢，一九四三年曾有報告出版，這是衡量美國社會趨勢的先驅。美國經歷先後兩次世界大戰，都有複雜的經濟問題發生。第二次大戰前的經濟不景氣，戰時的動員及戰後的復員與調整，他們蒐集或編纂的統計材料都着重在經濟方面。這些也反應了美國在一九六〇年代經濟成長的情形。

有人指出經濟統計固然充分而且詳盡，可以衡量經濟成長與發展。但是由於美國社會有了很大的變遷，衡量社會發展的能力與方法却是相當落後。原來在甘迺德時代，即已出版了衞生教育福利趨勢年報，以及衞生教育福利指標。內容深入，範圍廣泛，頗能切合需要。當時更有人把最有實用意義的「成本——效益分析」的觀念，加以擴充，蒐集更多的統計材料，應用以下的各項觀點，來衡量人力資源之充分利用。第一是對於各種新創的設施計算社會成本及其效益。第二、對於社會病態的嚴重程度（如犯罪、家庭殘破、吸毒等）加以評量。第三、對於社會需要方面（如房屋住宅、教育、福利等）推行績效預算，并考核執行之效果。第四、擬定各種指標用以衡量經濟機會及社會流動，瞭解社會變遷的情況。美國在經濟發展的過程中，由於經濟方面統計材料之不足，遂加强了社會方面的統計材料。爲了衡量經濟與社會動態的發展過程，在編纂統計材料的方法上力求新穎，於是在經濟指標之外，也就有了社會指標。

經濟成長與發展是用經濟指標衡量。經濟發展之成果是否爲全體國民所共享，則用社會指標來衡量。社會指標又可用來估評發展趨勢，確立發展目標，據以制定政策，訂立各種計劃；而且在計劃實施之後，研判計劃之進度及效益。先是聯合國在一九五〇年代中期，對於生活水準之定義及衡量方法，定出一套暫行的各種社會指標，用以測定一個社會的生活水準。嗣後研議把社會指標加以擴充，用來衡量社會發展計劃之範圍與目標，使之更能導使制定各種社會政策。有關之社會指標內容包括下列各項：

一、教育與衞生保健之資源利用及其效益。

二、人力資源及人力計劃——包括人口年齡，性別，教育水準，經濟活動之分配，社會經濟狀況，失業及不充分就業，城鄉人口分佈及遷徙。

三、所得分配——職業別，不同類別收入之分配，城鄉收入之差別。

四、人口政策——生育變化，家庭計劃之推行。

五、生活水準——實際生活狀況，及基本需要之滿足程度。

六、其他社會情況——階層間之流動及機會之平等，自然環境之維護，犯罪之種類與比率，老人及兒童之情況，社會成員參與社會計劃之程度。

我國原經濟設計委員會綜合計劃處根據聯合國一九七三年社會發展指標會議的建議，并參酌我國之統計材料，於民國六十四年始，以第一期經建八年計劃之基年（民國四十一年）爲基期，逐年編印「社會發展指標」一種，用以衡量我國社會發展各項主要目標之情況。

社會指標是用量的方法來衡量與社會有關的各種情況，顯示一個國家，一個地區或一個社區的生活水準以及社會發展與進步。對於人民生活及社會情況可以具體地加以瞭解，也可以衡量社會狀況及需要改善之處。對於從事社會經濟發展計劃者而言，他們可以根據各項社會指標制定政策，擬定計劃，確立目標研判進度，進而評估發展趨勢。就長期觀察，社會指標可指出社會發展之趨向；如果指標項目相同，編製方法一致的話，也可用來就國際之間的社會發展成效加以比較。歷年以來，社會科學家曾不斷努力，利用各項社會指標，進而編成一種綜合性的指數，用以測度社會發展的趨向。在一九六〇年代初，聯合國社會發展研究中心，曾以十八項指標，包括社會與人口、經濟及一般性指標，就世界各國的材料，編製了一種生活水準指數。筆者曾就材料較完整之五十三個國家或地區，計算每人平均生產毛額與此項生活水準指數之直線相關係數為零點八九。不過，這種指數所採用的只選用可以量化的項目，且只限於可滿足生活需要的若干項目，其他未能用量化方法表現者，還不能包括在指標之內，也未能構成生活水準指數中的一個項目。

此外，美國海外開發協會編製了一種實質生活品質指數，用來衡量生活品質的水準及國民的實質福祉。這是應用三項統計材料編製成一種指數。一是平均餘命，表示經濟發展所獲得之利益使人口平均餘命提高。二是嬰兒死亡率，表示由於經濟發展導致人民營養改善，嬰兒死亡率降低。三是人口之識字率，反應了政府照顧一般民眾的成果，以及社會福利方面的成就。這種指數是以上三項指標的簡單算術平均數，不但材料容易取得，計算也稱簡便。實質生活品質指數反映國民所得分配情形，可以用來比較一個國家或一國之內不同地區，不同時期的社會發展趨勢，又可用以進行國際之間的比較。

再者，如果應用各種社會指標進而編製一種綜合性的社會發展指數，就國際之間不同時期加以比較，資以明瞭各國社會發展之成效。進行這種工作必須謹慎選擇更有意義的指標。例如，人口與醫務人員之比率並不能說明人民之健康情況及醫療服務之效果。最好利用人口中接受各種醫療服務之比率，較能指明醫療設施之效能及衛生保健之水準。另外也需設計新的指標用以衡量生活狀況及其品質。例如住宅方面的指標可以包括使用電燈的數量多寡，自來水的有無，以及每間臥室平均居住的人數。社會情況方面雖更複雜，也需要定量的指標加以衡量。就社會流動來說，一個社會父子兩代之間社會經濟地位的相關程度大小，足以說明社會機會平等的程度以及世代之間的變動程度。再如人口中之特殊人口，老年、兒童、婦女福利設施，以及社會問題方面，殘障、犯罪、吸毒等等，都與生活品質有關，與社會經濟發展的成果也有關係。除了編製各種指標的工作外，也需把指標加以分類，并探求各種指標之間的相互關係。編製社會發展指數或生活品質指標所面臨的主要問題是指標所指涉的對象，其性質為何？指標是以個人或是以家庭為單位，還是以社區為單位？各種不同性質的指標，如靜態的與動態的，亦宜加以區分。例如，人口的平均上學年數是靜態的，寫讀能力則屬動態的。衡量社會資源數量的指標與衡量資源運用的指標，性質各異，亦宜分別清楚。例如，學校數、醫院數是指量之多寡，醫院病床佔用的比率，不同疾病之死亡率，畢業學生就業情形則係屬於資源運用結果之指標。

　　慎選各項社會指標對編製社會發展指數的工作極為重要。不過也更需要進一步瞭解各項指標之間的相關。筆者曾根據一九七〇年代世界一二三國（及地區）的六個社會指標計算其間的相關係數。人口出生率、死亡率及人口年成長率三者之間有高而顯著性的正相關。同樣的另外三項指標，都市人口比率，國民所得及每人每日消耗熱量也有高而顯著的正相關。但是前三項與三項其間都是負相關。意即出生率、死亡率、及人口成長率高的國家，都市人口比率、國民所得及平均消耗熱量則低。反之亦然。

　　目前各家所編之社會指標及生活品質，或社會發展指數，種類各異，優劣互見。指標項目有多有少，計算方法有繁有簡。為了衡量我國社會發展，并進行國際間之比較，社會指標亟需與經濟指標一齊加以重視，共同協力，加強這一方面的研究工作。

二 依賴與發展：八十年來的臺灣

一、前　言

　　一百年前的今日，臺灣建省，當時劉銘傳（1885—1891）重視臺灣國防地位的重要，以及經濟開發的前途，曾着手興辦各種現代化建設，期能倍日經營，保固海疆，以一隅之設施，爲全國之範。這種遠見與抱負，堪爲我國推行現代化之先驅。不幸在十年之後，中日戰爭我國失利，臺灣割讓日本，淪爲日人殖民地，歷五十一年之久。迨至一九四五年對日抗戰勝利，臺灣光復，重歸我國。嗣又於一九四九年，政府播遷來臺，勵行圖治。由於臺灣所在位置的重要，地理形勢的特殊，每一時代在國際上都顯示了他的重要性。在十七、十八世紀重商主義時代，萄、西、荷等國在束亞航海權之競爭；十九世紀帝國主義者殖民地之攫取；二次世界大戰後國際權力重新調整，我國光復臺灣。凡此事例，皆可證明臺灣在軍事上，政治上，文化上，以及經濟上，一直爲世人重視之焦點與中心。

　　臺灣建省一百年以來，前者有五十年爲日本之殖民地，經濟上完全依賴於日本。光復後初期，戰火之餘，一切有待重建。幸有美援及時而來，并於一九五〇初推行土地改革，奠定了經濟與社會發展的基礎。經過四十多年的努力，臺灣的經濟成長相當迅速，國民所得繼續上升，生活水準大爲改善，與日治時期相較，迥然有異。本文的第一個目標是說明在光復前後，兩種不同的經濟依賴，形成不同的社會發展；并試着用一種定量的指標，編成指數，比較兩個時期之差別。

自一九四九年政府遷臺以來，我中華民族在發展的過程上形成兩種不同的情況，隔海相望，對比強而烈。臺灣的經濟成長快速，富裕繁榮。相反的，大陸上却落後停滯達卅多年。中共在大陸上閉關孤立，經濟發展方面採取非依賴的方式。本文的第二個目標是試着用定量的方法，比較臺灣與大陸在經濟與社會方面的發展相差了多大多遠，這是世人衆所關心的事。

歷來討論社會變遷之理論，殊多分歧。現代化理論強調傳統的倫理、價值與經濟行爲的關係。世界體系理論則以爲：資本主義世界經濟係一個整體性的，超越了政治性的國界與文化社會的層面，係一個大型的社會體系。由於在經濟的生產運作與分工的結果，這一個整體的體系深深地影響到體系內諸國家的社會結構，政治制度以及經濟活動。一個國家的發展端視資本主義世界體系的運作，這一國家在世界體系中所居的地位，以及在經濟分工作用中所扮演的角色而定。近來有學者藉臺灣的經濟成長與所得分配的情形，指出依賴理論未能適用於臺灣 (Barrett and Whyte, 1982)。本文嚐試以定量的方法去證實這個論點，并進而指出與臺灣的經濟成長及社會發展互有關聯的一些因素是那些，又如何能够避免了依賴經濟可能產生的不良後果。統計分析之資料來源，日治時代的數據來自民國三十五年臺灣省行政長官公署統計室編印之臺灣省五十一年來統計提要列載各表之數字；光復後則依據行政院經濟建設委員會之出版數字爲主。因爲限於篇幅，又極繁瑣，故未能一一註明資料來源。

二、依賴與發展：兩個時代

　　自一八八五年臺灣建省，未及十年，淪爲日本之第一個殖民地。五十年之後，臺灣光復，至今又已四十年。日治時代與光復之後，在政治經濟諸方面多有不同，人民之社會生活亦頗懸殊。百餘年來的臺灣，經歷了各種變遷；有些變遷是可以用各種統計數字加以說明。諸如：農業及非農業產業結構之改變，勞動參與率，投資、貿易、儲蓄、平均所得等等。社會變遷促使人民社會生活的改善及生活素質的提高。這一方面也可以用所得分配，教育普及率，平均餘命，醫護人數等項醫療健康指標，以及消費性指標（如每千人之電話數等）等等來衡量。這些指標蘊含了一些重要的意義，顯示了社會生活方式的變遷（費景漢，1981:1）。

　　爲了比較日治時期與光復之後，臺灣居民社會生活方式之不同，筆者編了一種實質生活素質指數（Physical Quality Life Index, PQLI）作爲衡量與比較的工具；此項指數是以百分率表示的相對性的數列，表示在時間的變動中，生活素質隨着時間之不同而發生相對變動之情況。實質生活素質指數係一種綜合加權指數，包含了十個項目。爲了比較前後兩個時期，就不得不兼顧日治時期的統計材料及目前統計材料都有之項目。日治時期雖有五十一年之久，但由於最初十年的統計材料不夠完備，所以由一九〇五年起，至一九四五年止，前後共四十年。光復之後，由一九四六年起，祇以最近二年的材料未及蒐集，故至一九八三年止，前後歷時卅八年。光復初期的統計材料頗有闕疑，由筆者加以估計補足，差堪應用。指數中所包含的十個項目，性質不同，單位各異；有正指標，也有負指標；經以標準化方法, 加以調整之（席汝楫, 1983: 9—10; Mukherjee, 1979)。實質生活素質指數所包含的項目, 及光復前後就指數的比較列爲表 2-1, 綜合指數及歷年指數成長率繪成圖 2-1。

表 2-1 實質生活素質指數 (1905—1983): 光復前後之比較

項　　目	權　數	光　復　前 (1905—1945)		光　復　後 (1946—1983)	
		平均值	標準差	平均值	標準差
人口自然增加率	.10	60.2	22.2	32.2	21.8
嬰兒死亡率 ‰	.15	23.9	9.5	81.3	16.2
醫護人員數(人)	.05	6.7	5.6	36.3	24.3
自來水普及率 ％	.05	12.1	6.1	50.6	20.2
預期壽年(歲)	.10	12.8	9.4	79.7	16.2
農業人口比例 ％	.20	15.4	11.1	48.6	27.5
學齡兒童就學率 ％	.15	26.7	21.3	92.5	8.8
每十萬人口圖書館數	.05	9.5	8.8	37.2	24.4
每人每年通信件數	.05	12.6	5.6	46.0	29.2
每十萬人口之犯罪案件	.10	42.2	23.8	62.5	14.7
實質生活素質指數	1.00	24.2	5.1	61.8	17.2
平均成長率 ％		1.3		2.7	

將近八十年以來, 實質生活素質指數從一九〇五年的二十三點一起, 到一九四五年爲卅六, 爲日治時代之最高峯, 其間多數年份的生活素質指數在二十與三十之間。蓋日人之政策係農業臺灣, 工業日本, 日人并無高度發展臺灣工業之意圖。卽使日本統治臺灣十年之後農產品仍佔物產總產量的百分之八十。臺灣爲日本提供農產品, 但無意在臺灣進行工業化, 加速經濟成長, 改善居民的生活, 提高居民的生活素質。直到一九三〇年代, 日人爲了實施南進政策, 於是在臺灣的農業之外, 開始注意到工業建設 (Barrett and Whyte, 1982:1067)。至一九三九年, 臺灣的工業產品首次超過農產品之總值 (Hsieh Chiao-min: 178)。不過日人爲了促進農業生產, 而在臺灣大量投資; 諸如

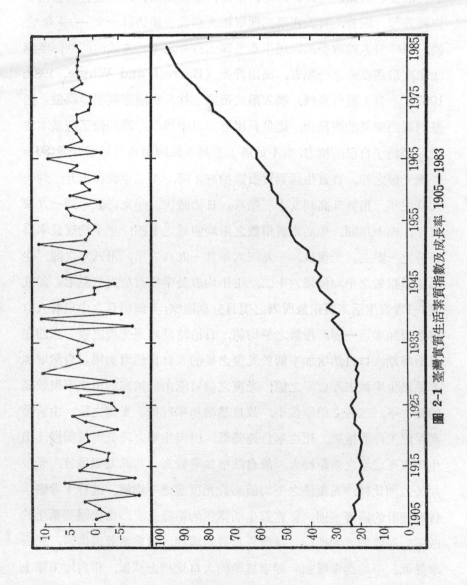

圖 2-1 臺灣實質生活素質指數及成長率 1905—1983

水利灌溉、道路、港口、鐵路、學校、衛生設施、以及銀行與信用合作社等等。嗣後，日人在臺灣攫取極大利益。據估計一九一一年之後，每年日人搾取臺灣國民生產毛額的百分之十；遠較同時期，英國從印度取得百分之一點五，高出許多（Barrett and Whyte, 1982: 1067）。日人獲得臺灣，擠入殖民帝國之林，在國際間引以為傲。把臺灣視為廉價的擄獲物，儘量利用權力以求搾取。卽使做了些基本建設，是為了自己的權力，而不是為了臺灣人民的福利（周學普譯:80）。臺灣光復之初，實質生活素質指數稍有下降，不二年旋復上升，到一九八三年，指數升高到九十三點八。日治時代，一九○五年到一九四五年，四十年間，生活素質指數之平均值為二十四，年平均成長率為百分之一點三。光復後，一九四六年到一九八三年，卅八年之間，生活素質指數之平均值為六十二，年平均成長率為百分之二點七。如就表1-1實質生活素質指數所列之項目分別觀察，十個項目之中只有人口自然增加率這一項，指數之平均值，日治時期高過光復之後。意卽在日治時期人口自然增加率低於光復之後的人口自然增加率。自然增加率係出生率減去死亡率之值；光復之前可能由於較高的出生率與較高的死亡率，二者之差額較小，故自然增加率較低。光復之後，由於醫護保健工作的推廣，死亡率急速降低，但出生率之降低則較緩慢，出生率與死亡率之差距較大，故自然增加率較高。其餘九個項目，光復前後二期比較，光復後之平均值高於光復前之平均值，進行T考驗，皆有統計的顯著差別。從實質生活素質的指標來說，由於醫藥衞生的改善，保健制度的推行，醫護人員普遍增加，自來水普遍供應，死亡率降低，平均壽年增加。從事農業的人口比例上減低，相對地工業上及服務業就業人口增加；由於對敎育的重視，兒童就學率提高，與外界通訊頻率增加，對圖書文敎設施的需求也增高。犯罪案件的減少，則說明了社會亦趨安全。凡此事實，在在說明實質生活素質的提升，生活方式的改善與更新，光復之後四十年遠超過日治時代。

如以世界經濟體系而論，日治時代，臺灣在分工的系統中是屬邊陲地區，係日人之殖民地，而日本係殖民統治者，為核心國。臺灣為日本提供廉價的農產品及原料，在依賴經濟的情況下，臺灣無從進行工業化，促成經濟發展，生活素質也無由提升。光復之後四十年來，臺灣在資本主義世界體系之中，由於經濟分工的運作，有充分的資本來源，豐沛的勞力供應，雖然不是核心地區，處於半邊陲地區的依賴經濟之下，在發展的過程上產生了與日治時代不同的結果；經濟成長快速，所得分配亦稱允當，所得差距不斷縮小。尤有甚者，生活素質較前提高三倍之多，達到了空前繁榮的盛世。瞻顧目前大陸地區的經濟成長與生活素質，兩相比較，我們在臺灣之經濟發展的成就，彌足珍視。

三、依賴與發展：兩種制度

那些因素促成臺灣經濟的快速成長？那些因素導使中共在大陸的經濟停滯遲緩？社會變遷與經濟發展的理論，頗多分歧。現代化理論沿襲古典的演化進步之說；或有人強調傳統的倫理與價值可以影響經濟成長。社會心理學上也有人以為高度的成就需求及理性是現代化的動力。更有人以為現代人是現代化制度的產物 (Chirot: 82)。如就世界體系理論觀之，資本主義世界經濟是一個整體性的，超乎政治的國界與文化社會層面的一個大型體系。由於在經濟方面的生產分配的運作與分工的結果，此一整體性的體系深深地影響到體系內諸國家的社會結構，政治制度以及一切經濟活動。一個國家的發展情況，端視資本主義世界體系的運作，這一國家在世界體系中所居的地位，以及在經濟分工作用中扮演的角色而定。

臺灣在一九六〇年代之先，接受美援，繼則與西方及國外合作，吸引外人投資，拓展國際貿易，與國際社會接觸頻繁，轉移國外技術，逐漸把我國經濟活動納入了資本主義世界經濟體系之中。先是發展勞力密集的輕工業，再則轉向資本密集及技術密集的工業。並積極發展農業，使農工之間有平衡的發展。

中共在一九五〇之初曾向蘇俄借有大量外債，嗣後則推行獨力發展。不過中共在大陸上反而建立了一種倒退的政治與經濟體系，即係瓦洛斯坦 (I. Wallerstein) 所稱的一統帝國 (A World-empire)。在這樣的一個體系之內，中共藉其政治權力，儘量奪取地區之內的經濟利益，用來支持其龐大的官僚結構系統，而遏殺了大陸上的經濟活力 (Chirot:84)。三十多年以來，中共對我國文化中的傳統價值在在批判揚棄。例如，平等的觀念在我國傳統思想中十分重要。我國歷來藉著教育作為達成社會平等的手段，以公平競爭原則，促成社會階級之間上下升降的流動，進而消除社會不平的忌恨情緒（費景漢：5）。中共不此之圖，却利用階級鬥爭，在大陸上形成嚴格的喀斯特制度，更有甚者，造成一種世襲的階級制度，於是更加深了階級之間的差別，更造成了階級之間的不平等。由於官僚結構的緊密控制以及社會階級的嚴格劃分，把個人選擇職業，追求經濟利益的個人自由，以及競爭上進的精神完全抹殺。

歷年中共在大陸不斷進行各種鬥爭，妄用階級鬥爭或者暴力去更改人性，以致把可以用在經濟發展的人才與精力，却誤用在政治鬥爭之中。對經濟發展來說，實在浪費了過多的人力和時間（費景漢:8）。

在不同的經濟制度之下，不同的發展方式之下，如果比較臺灣與中共大陸在生活方式與經濟社會各層面的差異，是一件不容易的事。筆者採用多向度量表技術（Multidimensional Scaling, MDS），就四十項指標，比較臺灣與中共大陸二者之間的差異程度。假定在一個空間的分佈上找出兩個定點，分別代表臺灣與中共大陸在這個空間之中的位置，再求得兩點之間的距離，指示二者之間的相似程度或差異程度。所根據之四十項指標是一些客觀性的評價數據，經過標準化過程處理之後，依下列公式（Kruskal and Wish: 17）求空間上之距離：

$$d_{ij} = \sqrt{\sum_{r=1}^{R} (x_{ir} - y_{ir})^2}$$

距離之值愈小，表示空間距離近，臺灣與中共大陸之相似程度大，差異程度也小。反之，如距離之值大，表示空間距離遠，臺灣與中共大陸之相似程度小，差異程度也大。根據表 2-2 第一欄及第二欄之材料，計算結果，dij＝169.329。意卽用表 2-2 所列四十項指標來比較臺灣與中共大陸在不同的制度之下，發展的結果，在生活方式及經濟活動等方面的差異程度為 169 個單位。如果就更多國家的資料用同法進行比較，就更可容易地瞭解彼此之間相對的差異程度了。

表 2-2 第四欄及第五欄之材料分別為臺灣及中共大陸就四十項社會指標及經濟指標經過標準化後之材料。假定第四欄為 X，第五欄為 Y，X 與 Y 之間的關係為直線相關。根據下式進行迴歸分析（Ostrom: 11）：

$$Y = a + bX$$

式中 b 為迴歸係數，有正有負。如為正，則依四十項社會及經濟指標所示，臺灣優於中共大陸，如為負，可表示相反的傾向。式中之 a 值也有三種可能：

表 2-2 中華民國與中國大陸的統計比較
(1982—1983 的材料)

項目	X-ROC COL:1	Y-MLD COL:2	D-VALUE COL:3	X/D*100 COL:4	Y/D*100 COL:5
1. 國民所得 (美元)	2500	295	2205	113	13.4
2. 國民生產毛額成長率	9	5.6	3.4	264.7	164.7
3. 平均國民生產毛額 (美元)	2700	250	2450	110.2	10.2
4. 國民生產力 (美元)	2238	535	1730	131.4	31.4
5. 工業佔生產比例 (%)	51	30	21	242.8	142.8
6. 服務業佔生產比例 (%)	42	28	14	300	200
7. 都市人口比例 (%)	77	14	63	122.2	22.2
8. 大專學生 (每千人)	14.9	1	13.9	107.2	7.2
9. 學齡兒童入學率 (%)	98	65	33	297	197
10. 外貿額 (美元十億)	45.5	41	4.4	1031.8	931.8
11. 外貿盈餘 (美元十億)	4.8	1.9	2.9	165.5	65.5
12. 外貿佔國民生產毛額比例	91.3	16	75.3	121.2	21.2
13. 對美貿易 (美元十億)	15.9	4.4	11.5	138.3	38.3
14. 對美貿易盈餘 (美元十億)	6.6	.7	5.9	111.9	11.9
15. 自美進口農產品 (美元十億)	1.2	.54	.66	181.8	81.8
16. 自美進口非農產品 (美元十億)	3.4	1.64	1.76	193.2	93.2
17. 外匯存底 (美元十億)	15	14	1	1500	1400
18. 平均壽命 (歲)	72	69	3	2400	1300
19. 醫生數 (每百人)	1.17	.8	.37	316.2	216.2
20. 嬰兒存活率 (每千人)	.991	.958	.033	3003	2903

項目					
21. 人造纖維　公斤／人	38	3	35	108.6	8.6
22. 棉織品　公尺／人	25	4.7	20.3	123.2	23.2
23. 毛織品　公尺／人	6.75	.45	6.3	107.1	7.1
24. 肉類　公斤／人	40	12	28	142.8	42.8
25. 魚類　公斤／人	51	4.6	46.4	109.9	9.9
26. 蛋類　公斤／人	21.5	3.5	18	119.4	19.4
27. 砂糖　公斤／人	24.27	2.5	21.8	111.3	11.5
28. 食物熱量　卡／人	2830	2330	500	566	466
29. 蛋白質　公克／人	80.4	57.5	22.9	351.1	25.1
30. 居住面積　坪／人	5.4	1.2	4.2	128.6	28.6
31. 每人用電量　度／人	2140	274	1866	114.7	14.7
32. 每人報紙數	.11	.04	.07	157.1	57.1
33. 汽車　輛／萬人	546	1.7	544.3	100.3	.03
34. 機車　臺／萬人	2763	.8	2762	100	.03
35. 郵件　件／人	57	3	54	105.6	5.6
36. 電視機　部／萬人	2030	54	1976	102.7	2.7
37. 收音機　部／萬人	8200	407	7793	105.2	5.2
38. 電冰箱　臺／萬人	2090	.5	2087	100	.02
39. 洗衣機　臺／萬人	1900	12	1888	100.6	.64
40. 電話　臺／萬人	2290	41	2249	101.8	1.8

來源：1.聯合月刊第四十期一二五頁　臺灣與中國大陸的統計比較　七十三年十一月。
2.中央日報七十二年七月十二日第五版大陸透視。

如 a ＞1.0 則依指標所示，中共超過臺灣；

如 a ＝1.0 則依指標所示，二者居於同等地位。

如 a ＜1.0 則依指標所示，中共居於次等地位，而臺灣優於中共大陸。

依表 2-2 第四欄及第五欄之材料，以公式計算，結果爲：

$$Y = -76.49 + 0.86X$$

式中 b ＝+0.86，表示臺灣經社指標每增加一百個單位，中共大陸的經社指標增加八十六個百分點，顯示臺灣優於中共大陸。式中 a ＝-76.49 顯然中共大陸就四十項經社指標來看，居於次等的劣勢地位，此值愈大，地位也愈差。如果就四十項經社指標，剔除商務貿易等八項經濟指標，僅就其中三十二項社會指標依式計算，則計算結果爲：

$$Y = -100 + X$$

就此結果來看，如 X＝0，則 Y＝-100，意卽就迴歸方程式以圖表示時，X在橫軸上爲零時，則Y在縱軸上，其截距爲-100 之處。所以就三十二項社會指標來看，臺灣與中共大陸在不同的制度之下，社會發展的差異是如此之鉅。

中共在經濟發展上遭遇嚴重的困局，過去農工對立，目前則物價暴漲，投資失控。雖有經濟特區，企圖逐漸投入資本主義世界體系之內，但因變質，未能產生預期的功能。由於政治集權，黨政不分，幹部倚仗特權，營商圖利，不一而足。共產特權統治者與一般受統治者之間，形成更嚴重之對立。都市人口比例低，顯示在社會結構上沒有專業的工商界人士，也沒有代表中產階級的都市居民，作爲階級對立之間的緩衝者。社會結構僵化，經濟發展勢難圖成。至於一國兩制之議，一爲政治集權、一爲經濟開放，二者矛盾對立，何能相生並存。

臺灣與中共大陸在制度上全然不同，生活方式與實質生活素質差距懸殊，妄圖施行一國兩制，實係不能想像之事。

四、依賴與發展：臺灣的例證

自一九七〇年代以來，有些社會學家研究開發中國家的經濟發展時，用依賴理論說明在發展過程中面臨的困境。照世界體系的說法，就國際間分工的原則，列已開發國家爲核心地區，開發中國家爲邊陲地區，介於二者之間者爲半邊陲地區。已開發國家爲了獲得更大更多的利益，利用其資源與機會，採行全球性的策略，透過跨國公司，挾其先進的科技優勢，向經濟落後國家從事投資計劃。因爲這些國家競爭力不足，必可取得豐厚權益。反過來，經濟落後國家欲取得先進國家的科技必須付出相當的代價。如此這般在外在的經濟依賴之下，開發中國家在起初會有某種程度的發展，逐漸却因依賴於外國資本家的投資而產生了抑制作用，使發展停滯遲緩。甚者，該國所得分配益趨不均，造成更大的社會不平與混亂。所以依賴理論認爲：經濟依賴對經濟成長有某種程度的影響。外資（或外援）進入初期經濟成長較快，經過一段時期之後，成長速率趨緩。由於外資引進外來之控制，影響了當地的經濟結構，進而加重了內部的經濟不平等。瞻顧八十多年來的臺灣，歷經各種變遷。先前五十年臺灣爲日本殖民地；在經濟發展方面是相當高度的依賴於日本。光復之後，一九四五年到一九六五年之間，接受美國經濟援助，對於臺灣的經濟成長作用甚大。美援停止之後，臺灣積極爭取外人和華僑的直接投資，以工業產品取代農業產品，加強出口貿易，使臺灣的經濟得以繼續成長（孫震．4）。臺灣在光復前後之經濟依賴性質雖殊，但所生之影響也大不相同，這一事實值得深入研究，並且已引起了社會學家的討論。有的學者認爲：依賴經濟對經濟發展的負面影響，在日治時代的臺灣，確是如此。但是目前臺灣的經濟成長，與依賴理論所預想者正好相反。一九五〇年代接受了美援；其後有大量私人直接的投資，同時却也有極高的成長率，所得分配之不平等也大爲降低。所以依賴理論實不足以解釋臺灣經濟發展的事實（Barrett and Whyte, 1982）。不過也有人持有異議（Hammer, 1984），形成學術界的一個熱門論題。

雖有學者就世界體系及依賴經濟的論點進行實徵性的，以非洲諸國作跨國性的研究（Cross-national Studies），但結果並不一致（Bradshaw, 1985:195）。有的研究指出他國私人的直接投資與經濟成長有負的關聯（Bornschier, et al., 1978），有的研究指出國際貿易對一些邊陲國家的經濟發展各有不同的影響（Ragin and Delacroix, 1979; Delacroix and Ragin, 1981）。多數的研究是應用定組迴歸分析（Panel Regression Analyses）進行的的。以臺灣的經濟發展爲題進行的這類研究日益增多（許嘉猷, 1982; 蕭新煌, 1981; Gold,1983）。本文的主要旨趣在指陳依賴經濟與臺灣經濟發展二者之間的關聯，說明使臺灣成長的各種因素，對於依賴經濟理論適用於臺灣的問題試作澄清，並說明臺灣如何避免了依賴經濟可能產生的負面結果。本文是一種縱程研究（Longitudinal Study）；分析所依模型是複迴歸分析（Multiple Regression Analysis），以一九〇五至一九四五日治時代，一九四六至一九八三光復以後，分爲二期，先後分析；首先確定應變項，再確定自變項。由於各個變項之偏態係數不大，故未經轉化爲對數變項。又因分析之時期不超過四十年，時間不算長，統計考驗的顯著水準定爲百分之十，並且採用單尾檢定。分析的各個變項如下（鄭爲元, 1983; Bradshaw, 1985）：

　　應變項：經濟成長是一種經濟指標，常用平均國民生產毛額作爲經濟成長或發展程度的指標。但是日治時代還沒有這項指標，筆者編了一項社會指標，以實質生活素質指數替代經濟成長的指標。此二指標（1953—1983）之相關係數爲 0.984。

　　(1)日治時代—以 PQLI 爲應變項；

　　(2)光復之後—以 PQLI 及 GNP/C 爲應變項。

　　自變項：指經濟依賴的各種指標，指出依賴程度的強弱大小對經濟成長的關聯。

　　1.外資依賴—日治五十年間，臺灣爲日之殖民地，經濟上完全依賴於日本，這是事實。祇以此項資料無法取得，故分析時未列此一變項。第二次世界大戰之後，光復臺灣，政府遷臺有賴美援。自一九六〇年代中期之後，大量外資進入，取代了美援的地位（Barrett and Whyte, 1982: 1067）。臺灣主要的投資者是華僑,美國及日本,華僑則多爲東南亞諸地，其投資額超過美國及日本（Gold: 269）。外資依賴下列三個變項

　　(1)每人平均外人投資額；

　　(2)美國投資額與外人投資總額之比；

　　(3)日本投資額與外人投資總額之比。

　　2.貿易伙伴依賴—

　　　日治時代，臺灣對外貿易主要爲日本，當時對中國大陸由於地理上的接近而且文化上的相同，其間亦有貿易關係。光復之後，由於歷史背景及語言上較易溝通，與日本仍保持着貿易關係。至於美國由於戰後的大量援助及優惠關稅諸措施, 我國廠商與美商之間建

　　　　立了良好的貿易關係與環境，而且美國市場大，需求
　　　　穩定，故我國廠商對美國市場十分重視。貿易伙伴依
　　　　賴列出二個變項，用以確定對發展程度的影響：
　　　　日治時期：(1)從日本進口總額與對日本出口總額之比
　　　　　　　　　(2)從中國進口總額與對中國出口總額之比
　　　　光復之後：(1)對美出口總額與自美進口總額之比
　　　　　　　　　(2)對日出口總額與自日進口總額之比
　　3.產品依賴─輸出之主要產品，農產為主抑工業產品為
　　　　主，對經濟成長之影響如何？日治時期對日輸出以農
　　　　產品為主，尤以米與糖為大宗；由日輸入者為各種製
　　　　成品，此足可證明臺灣經濟之依賴於日本 (Hsiech，
　　　　178，184)。光復之後，輸出產品早期以農產品為主，
　　　　近二十餘年則以各種工業產品為主。產品依賴也列二
　　　　個變項，期以確定對發展程度的影響：
　　　　日治時期：(1)輸日之米與對日輸出總額之比
　　　　　　　　　(2)輸日之糖與對日輸出總額之比
　　　　光復之後：(1)工業產品出口額與出口總額之比
　　　　　　　　　(2)農業產品出口額與出口總額之比
　　4.時間因素─由於應用了時間數列的材料，時間因素亦
　　　　列為自變項之一，以明瞭不同時序，依時而變之模式
　　　　(Ostrom，1978)。
　　5.其他中介變項：
　　　　日治時期：(1)米谷生產量
　　　　　　　　　(2)實質生活素質指數
　　　　光復之後：(1)工業生產指數

(2)農業生產指數

　　茲依日治時期及光復之後兩個階段，將分析結果加以說明（參閱表 2-3 及表 2-4）。

表 2-3 臺灣經濟依賴對發展的影響
(1905—1944)

應變項	PQLI		米谷生產	
	Beta	p	Beta	p
自變項				
1、年期(1905—1944)	.179	NS	.767	000
2、從日本進口額與對日出口額之比	.273	.05	.018	NS
3、從中國進口額與對中國出口額之比	—.166	NS	—.120	NS
4、輸日之米與對日總輸出額之比	.108	NS	.151	.10
5、輸日之糖與對日總輸出額之比	.191	NS	.042	NS
6、米谷生產量	.721	.01	—	
7、實質生活素質指數	—		.209	.01
n	40		40	
R² (校正值)	68.761		90.957	
D—W test statislic	1.736		.973	

NS 未達顯著水準

　　從表 2-3 觀察，日人統治臺灣五十一年，時間因素對居民生活素質的 Beta 係數為 0.179，沒有統計的顯著關聯。可知長久以來，日治時期居民的實質生活素質沒有顯明的改善，這種事實從圖2-1亦可得知。不過臺灣米谷生產量之增加對居民之生活改善有正面的影響。五十一年以來，居民生活素質指數有百分之一點多的成長率，其因可能在此。當時臺灣與中國大陸之間的貿易對發展呈負面的影響，但關聯程度並不顯著。彼時日人在臺灣行使行政權力，使臺灣成為日本工業原料供應地及日貨之銷售市場，亟欲切斷臺灣與其他國家的貿易關係，特別是與中國大陸的貿易。為了達到此一目的，一個方法是加重臺

表 2-4 臺灣經濟依賴對發展的影響
(1953—1983)

應變項	PQLI		GNP/C		工業生產		農業生產	
	Beta	p	Beta	p	Beta	p	Beta	p
自變項								
1、年期(1953—1983)	.390	.025	.122	.10	.0794	.025	.488	.025
2、每人平均外人投資額	.082	.05	.013	NS	.224	.01	-.099	NS
3、美國投資額/總投資額	-.035	NS	-.026	NS	.067	NS	-.049	NS
4、日本投資額/總投資額	-.002	NS	-.017	NS	.071	NS	-.043	NS
5、對美出口額/自美進口額	.059	NS	-.016	NS	.042	NS	.078	NS
6、對日出口額/自日進口額	.068	.10	.049	.05	.291	.005	-.101	.10
7、工業產品出口額/總出口額	.114	NS	.040	NS	-.758	.01	.250	.10
8、農業產品出口額/總出口額	-.049	.10	-.012	NS	-.213	.005	.079	.05
9、工業生產指數	.268	.005	.693	000	-		.252	.025
10、農業生產指數	.116	NS	.186	.025	.732	.025	-	
n	31		31		31		31	
R² (校正值)	99.249		99.813		95.986		98.617	
D—W test statistic	2.035		1.089		1.874		1.715	

NS—未達顯著水準

灣與他國貿易上的關稅，另一方面撤消臺灣與日本之間的海關限制。結果使臺灣經濟愈要依賴日本，對外貿易百分之九十五以上是對日貿易。而且由臺灣對日輸出以農產品為主，尤以米糖為大宗。一九三〇年臺灣對日輸出總額農產品佔百分之九十五以上，其中糖佔百分之六十八，米佔百分之十八以上。到一九三七年，農產品佔對日輸出總額之百分之九十七，其中米佔百分之卅五，糖佔百分之五十三(Taiwan: A Geographical Appreciation: 51)。日人以政治力量壟斷與臺灣之貿易關係，促成臺灣與日本貿易對手之依賴；臺灣供應大量的農產品造成產品對日本之依賴。表 2-3 中得知，米谷生產與時日增，與對日之輸出亦有顯著性關聯。臺灣經濟依賴於日本，是以帝國殖民地之方式行之，造成臺灣在發展上之損害也是不容諱言的事實。日本獨佔了臺灣的國際貿易，當地人事實上沒有參與，僅有島內貿易而已(Hsi-eh Chiao-min: 178)。臺灣雖有部份工業，不但規模狹小，而且也操縱在日人之手。當地人進入工業界的機會不多，更沒有機會進入政治活動（Barrett and Whyte, 1982:1067）。這種經濟依賴使依賴者受到直接的剝削，更限制了參與社會事務之各種機會。直接的剝削使社會資源的分配更趨不平等，沒有參與機會則造成社會階級的區分。雖然當時推行教育，公共衞生及其他設施，主要目的是爲了日本人的利益，對於當地人則可能增大了一般大衆的邊際性(Marginalization of the Masses)（Barrett and Whyte, 1982:1070）。

　　光復之後的臺灣，經濟活動發生了變化。以前殖民地時代，對日輸出米和糖，從日本輸入工業產品，經濟依賴於日本。光復後輸入品中斷，尤其是肥料缺乏，致使米和糖大量減產。不幾年大陸淪落中共之手，臺灣也失去了與大陸的貿易機會。因此，臺灣的經濟必須重新加以調整，使之適合於世界市場的經濟體系。政府遷臺之初，迅卽着手戰後之重建工作，水電系統及工業設施相繼修復。繼之推行土地改革，奠定了發展工業的始基。當時又應因國際局勢之需要，接受美國援助，使重建工作順利進行，農工業生產快速增加。從一九五一年到一九六五年，十六年之間，包括贈與及貸款在內的美援共十四億八千萬美元，平均每年將近一億美元（孫震：4）。由於臺灣的經濟成長漸見快速，工業產品逐漸取代農業產品，於是加強出口貿易，同時積極吸引外資，以外國人和華僑的直接投資以替代美援。所以吸引外資，增加生產，拓展外銷，創造就業，各種條件的密切配合，使臺灣的經濟成長快速。從一九五〇到一九七〇經濟成長率平均爲百分之九。所得分配益更趨合理，全國家庭之個人所得差距日見縮小，最高百分之廿階層所得與最低百分之廿階層所得之比，自一九六四年之五點卅三，下降到一九八〇年之四點一七。與日本相近，比西歐國家及美國為平均（孫震：6）。經濟依賴理論者以為：其初臺灣經濟依賴於美援，漸後又依賴對外貿易；由於依賴會導致經濟成長遲緩，甚至停滯，同時所得分配亦趨不平等。但就事實所見，依賴經濟可能產生的一切負面作用，在臺灣並未發生。於是一些依賴理論者認為臺灣已脫離了邊陲國家而進入半邊陲的地位了（Barrett and Whyte, 1982: 1065）。

就經濟依賴的觀點言之，美援之對於臺灣是屬贈與性談不上再投資的問題，其中一部份也有貸款。臺灣雖也有外債的問題，但償還的信譽與能力十分良好。就外人直接投資來看，從表 2-4 中可見，美國及日本的投資對經濟發展可能有負面的影響，都未達統計的顯著水準。就外資全部而言，對實質生活素質有正面的影響，這也可能是由於大部份是華僑資本的緣故。就貿易伙伴的依賴而言，對日本之依賴似乎更勝於對美國之依賴。事實上對美國市場之依賴係不容乎視，只是在分析的資料上卻未顯示出來。無論工業產品或工業產品之快速增加，對於經濟成長有正面的影響。從臺灣的例子來看，農業發展是工業發展的基礎。農產品增加，至少可以提供較廉的食用品，使勞工的工資低，進而使工業產品的成本不致提高。所以農業生產增加可促進工業生產的增加，二者息息相關，共同締造經濟成長的佳績。

臺灣經濟發展有一個重要的因素是時間因素。在第二次世界大戰後的四十年以來，全世界的經濟都有快速發展的趨勢，資源富，技術新，貿易機會擴大，賴於國際合作，工業先進國家提供發展機會，創造了空前的富裕繁榮。世界經濟普遍成長之際，在有利的環境之下，配合正確的經濟政策與良好的制度，創造了前所未見的經濟發展的成就。依時而變，與時遞增，卅多年以來的時間，對臺灣的經濟發展亦有其影響。

　　根據以上各點以及實徵性的分析，臺灣雖有美援與外資，以及貿易依賴，但有高的經濟成長率與低的所得不均，一般依賴理論實不足以說明臺灣的情況。不過也有人提出另一種看法。臺灣的經濟依賴不宜由日治時代算起，美援也不見得是經濟依賴。美援停止後，外人直接投資始於一九六〇中期，這時才是眞正的經濟依賴。而且依賴對發展的影響也不是立卽可見的，約在十年廿年之後才會顯示出來，所以目前對臺灣的案例不宜有太早的結論（Hammer: 932）。筆者針對此點，以一九六四年到一九七三年的各項經濟依賴變項作爲自變項，以一九七四年到一九八三年的平均國民生產毛額及實際生活素質指數作爲應變項進行複迴歸分析，結果請見表 2-5。表中所列，外資依賴對

表 2-5 臺灣經濟依賴(1964—1973)對發展(1974—1983)之影響

應變項	GNP/C(1974—1983)			PQLI (1974—1983)		
	Beta	t	p	Beta	t	p
自變項						
1、每人平均外人投資額	.077	.855	NS	-.037	-.096	NS
2、美國投資額/總投資額	-.004	-.086	NS	-.194	-.997	NS
3、日本投資額/總投資額	.015	.219	NS	-.027	-.088	NS
4、對美出口額/自美進口額	.085	.395	NS	.239	.258	NS
5、對日出口額/自日進口額	.178	1.029	NS	.600	.807	NS
6、工業產品出口額/總出口額	.951	5.569	.005	1.235	1.678	.10
7、農業產品出口額/總出口額	-.052	-.600	NS	.102	.275	NS
n	10			10		
R^2（校正值）	99.624			93.032		
D—N test statistic	2.595			2.160		

NS—未達顯著水準

發展的影響未達統計的顯著水準；貿易伙伴依賴對發展也看不出有何種影響。只有在產品依賴中，工業產品對平均國民生產毛額有絕大的正面效果，而且對實質生活素質也有正面的影響。從表2-5可見到的另外一點是：美國投資對發展似乎有負面的效果，但是仍宜存疑，以其未達統計的顯著水準也。根據表 2-5 所列的各項數據，經濟依賴在十年之後，對發展所生的影響還看不出來。如假以時日，廿年後再作分析，依賴理論是否可適用於臺灣的情況，當可分曉。不過日據時代之經濟依賴與光復後之經濟依賴，雖然方式不同，依賴之實質則一；依賴對發展之效果，在不同的環境之下，可能為害，也可能為益，胥視依賴之方式，當地的社會結構，以及歷史的及政治的因素，進而審視依賴之利弊得失。

那些因素導致臺灣在經濟發展上的成就？現代化理論以為是傳統的倫理與價值影響了經濟行為。世界體系理論以為臺灣與國際社會接觸，吸引外人投資，與西方合作，投入資本主義經濟體系，依賴經濟促成某種程度的發展。但是臺灣又如何避免了依賴經濟所產生的負面結果？這些都是衆共熱衷討論的問題。臺灣光復四十年來，促成經濟發展的因素可能有下列數種，縷陳如次：

一、經濟方面的因素：包括外在的經濟依賴，諸如外援，外債，外人直接投資，貿易伙伴提供原料技術，經營方法，以及市場，先為農產品後為工業產品皆有廣大而穩定的市場，可資行銷。內在的因素則有日據時代的開發與建設，戰時雖有破壞，修復似乎較新建容易。美援運用妥適，尙有成功的土地改革等。

二、非經濟方面的因素，可以從社會的、文化的、心理的及政治的等方面討論。不過在這些因素之外，有一種因素對臺灣的經濟發展也有重要影響。第二次世界大戰之後，國際之間普遍地有一段經濟發展快速的時期。資源富裕，生產技術不斷發明，國際貿易擴展。在國際經濟普遍成長的優良環境之中，我國經濟活動，趁機因勢，投入國際經濟體系之中。尤其與其他因素配合得宜，臺灣經濟成長才有如此成就。

就社會的因素而言，由於教育普及與充份就業使廣大的人力資源得以充份進入勞動市場，投入生產工作；勞動力不缺，維持低廉工資，在經濟發展初期實係一重要之事。國民教育程度提高，勞動水準及技術層面皆可提升。臺灣在一九五〇年代推行土地改革成功，使原有的地主階級不復存在，傳統的農產品輸出轉變為工業產品的輸出，較易實現。因為地主為謀己利必壟斷米糖等等主要農產品之生產與運銷。原來之地主取得公營事業之產權轉變為工業家，對工業化之推動自是十分熱心。在經濟發展初期，政府、工業家以及商人，皆樂於推動工業化，拓展國際貿易，因為他們的利益不但是一致的而且是互補的（許嘉猷：32）。社會上沒有固有的特殊階級，倒產生了新興的工業家以及當地的商業鉅子，還有大陸來臺的工商人士及管理人才，以及富有經驗的政治領導者，社會結構逐漸轉化為多元的社會，有利於經濟快速成長，所得分配更趨平等。文化因素與心理因素，至亟重要。我國傳統文化中強調平等精神，可使人產生強烈的成就動機，而否定天生的或世襲的差異。現世主義是把注意力集中在現實生活而不寄望在渺茫的夢境或來世。在注意現世生活時，特別強調經濟方面的成就。表現在心理方面，每人皆有勤勉奮發的美德，企業家有創業精神，從業人員有辛勤勞動精神。而且人人有節儉的美德，國民儲蓄大量增加。基於我國傳統文化，人人皆有一種社會團結的感情，對國家盡忠，對民族盡孝，可以對他國發生對立與排斥的感覺（費景漢：4）。這也就是民族主義的表現，以自己的社會為中心，以本國的利益為優先。平等精神，現世主義與民族主義三者相輔相成，對經濟發展皆有影響。

三十多年以來，臺灣的社會秩序穩定，政治安定，精英份子參與決策，政治參與程度日益擴大。一般勞動者雖然尚未有強有力的組織，但政府確已加以扶植，足以與雇主相抗衡。政府對國際局勢之變遷亦相機作適當之調整。在經濟活動方面，政府一直採行計劃經濟，並認眞的執行，優利吸收存款，增高儲蓄。創造有利環境，鼓勵外人投資，並運用市場機能，拓展國際貿易。

以上各點係導致臺灣經濟發展的因素，不過臺灣又如何避免了依賴經濟產生的負面結果？臺灣資源缺乏，需要進口資源。臺灣技術不足，需要引進技術。臺灣市場狹小，需要國外市場。經濟依賴形勢已成。論者認爲在依賴發展的情況下，外國投資者，當地的資本家以及當地的政府三方面可能形成一種三角聯盟。這種結合的出現，使外國投資人及當地的精英份子更爲富裕，却未能提升當地多數人的生活素質。這種經濟依賴更加深了該國經濟的及政治的不平等，進而導致政治的混亂不安。討論經濟依賴時須先注意這種三角聯盟發生的可能性，其對經濟及社會可能生成的影響，當地國家對這種傾向的反應（Bradshaw:196）。就臺灣的情況而言，華僑投資人無從利用跨國公司謀取利益。日本及美國在臺灣的跨國公司似乎不如在別的國家那樣嚴重，並且跨國公司在別的國家所生的後果，在臺灣已經避免了（Gold, 1983: 274）。臺灣當地的經濟精英份子沒有形成買辦階級，不爲外商謀非份之利，頗能顧及國家的利益。更重要的是政府有相當程度的自主能力，在計劃經濟之下，保護本國工商業，引用外資，拓展外銷，加速經濟成長，並使所得更趨平等。臺灣相當自主地，而非受別人的操縱，把臺灣的經濟溶合到資本主義世界經濟體系之中。爲什麼臺灣仍極力吸引外人投資？除了經濟的及科技的理由外，更大的理由是在政治孤立之外，設法與外界發生聯繫，進行多種可能的交流 (Gold, 1983:274)。

近年來開發中國家在國際市場上競爭日烈，使我國面臨更大的與更多的壓力；與我國貿易之主要國家又陸續採取保護政策。國內則又投資不足，調整產業結構緩不濟急。凡此種種，致使目前經濟成長遲緩停滯，而且所得分配所有偏向不平等的傾向。依賴經濟是否在臺灣呈現出負面的影響，或者只是暫時性的經濟低迷而已。此一問題，有待進一步的考察。

五、結　語

世界體系理論首由第三世界的學者提出，指陳他們的國家何以落後的原因，具有高度的政治意義。依賴理論不僅是經濟方面的，而且涉及社會及政治的層面。由於國與國之間存有市場經濟，其間就有依賴關係，只是依賴的方式不同。不論依賴經濟是發展落後之因，抑為發展落後之果，迄無定論。再者，發展的模式也有不同。有的國家不是因依賴而發展的，而是獨力發展，例如早期的英國，主要由於農業發達，漸次技術革新，使經濟快速成長，進而成為經濟大國 (Chirot: 97)。不論資本主義社會，或社會主義社會，皆有獨立發展的事例 (Hoogvelt: 155)，主要是由於技術革新，進而導致經濟發展。依賴與發展，二者之間因果關係的命題，尚不夠嚴謹(Fu Yang-chi:178)。進行實徵性研究為數日多，但難免浮濫 (Chirot:95)。進行跨國研究 (Cross-national Studies) 不但涉及樣本代表性的問題，外在的依賴變項（自變項），內在的效果變項（應變項），所用的指標與量度方法，全憑研究者任意選定，從未能趨於一致，研究結果也難於比較。
至於控制變項及中介變項之處理，更難一致，問題也多。本文是以臺
灣的實徵性資料，就依賴理論不同的觀點進行分析，作爲證驗依賴理
論的一個案例。無論在日治時期，或者在光復後的四十年，臺灣是在
不同方式的依賴經濟之下，只是發展的結果太不相同。光復後的四十
年間，較日治時代，生活方式有重大的改變，實質生活素質也有顯著
性的提升。卅多年以來，臺灣與中共大陸在不同制度之下發展，比較
二者在經濟與社會之差距，以甚懸殊。由於我國採行計劃經濟，政府
有相當程度的主動與自主能力，在經濟發展方面大致上避免了依賴經
濟可能產生的各種負面效果。

三 社會指標模型：臺灣的案例

一、前言：社會指標模型

　　我國當前面臨的問題除增強國力外，主要者有二：一爲更求人民生活富足而均等，一爲更求整個社會祥和而幸福。前者是增進經濟成長與發展，後者則是促進社會成長與發展。凡此皆爲全國上下共同努力追求之目標。回顧卅多年以來，我國經濟成長快速，國民所得水準不斷提高，這些固然是所企求的事，但是在社會發展方面，在文化及精神建設方面，全民社會福祉方面，提升到何種程度，也是我們樂於知道的事。第二次世界大戰之後，不論是已開發國家或是未開發國家，對經濟及社會情況都在設法提出一些衡量的標準。在經濟方面有年成長率，平均所得，工業及就業等項經濟指標。在社會情況方面，則有工作、收入、敎育、衞生保健、平均壽年以及生活水準之改善等等社會指標。社會指標之定義各家不同（Kao: 400; Drewnowski: 78）。概括地說，社會指標是一系列的統計數字，用以指陳社會政策執行之績效，或用以衡量社會發展之趨勢。在理論上，社會指標是用較重要的社會變項，資以在時序上顯示出社會變遷的情況，其功用與經濟指標同樣重要。在實際上，編製令人滿意的社會指標，困難殊多。社會指標不若經濟指標以貨幣單位表示，而且所要衡量的社會現象紛岐複雜，量度用之單位不同，正負方向參差互異，指標之間難能相互比較；在應用時尤易引起誤用。雖然如此，社會指標確已成為衡量社會發展的重要工具，而且編製方法，日益精進。

目前在國內，社會指標之研究仍多停留在社會指標定義、內容或種類之探討（鄭興弟：63）。如前所指，社會指標是一種時間序列的指數用以顯示社會情況以及社會變遷的趨勢。社會情況包括外在的（物質的及社會的），以及內在的（主觀的感受及認知）部份（Land, 1983: 6）。社會指標之種類及內容則因其應用範圍不同而有差別。藍德認為（Land, 1983: 10）如果預先假定一個社會發展的目標或者政策分析的目標，期望社會生活由壞變好，指標也是朝着「好的」或「對的」方向改變，這類指標稱為規範性的福祉指標（Normative Welfare Indicators）。如果考慮個人生活上所獲致的效用，個人主觀的，相對的滿足程度，並且利用調查之研究方法，獲知居民對生活的主觀認知，衡量心理上的滿足程度，幸福與否，與預期水準符合的程度。這類指標稱為生活滿足指標（Satisfaction Indicators）。如果社會指標之應用偏重在教育方面，用以啓迪民智，使社會大眾得以明瞭社會發展的通盤情況，以及社會變遷的趨勢，這類指標則稱之為敍述性社會指標（Descriptive Social Indicators）。一般所謂社會報告（Social Reporting）即係此類指標。社會指標之研究一般並不局限於客觀的或主觀的社會福祉指標方面。社會學上的重點似乎偏重在敍述性社會指標方面，一方面瞭解社會變遷的主要情況與社會發展的趨勢，另一方面應用社會指標，經過分析後，期望發現指標與指標之間有何關聯，彼此之間如何變化。這一類的指標研究與公共政策的福祉目標多少有些關係，不過其應用并不是只限於政策方面。目前，最明顯的一件事是社會報告之應用，日益受到重視。除啓

迪大衆對社會情況及社會趨勢有所瞭解外，社會報告也可顯示社會指
標內含之意義，其間之關聯。更可進一步把時間序列的社會指標就其
間互相影響的關係，建立起社會變遷的分析性模型（Analytic Mod-
els）。依此類模型可以測度社會體系之內，不同部份，不同層面的相
互影響。此類模型稱之爲社會指標模型（Social Indicator Model）。
我們着重在敍述性社會指標之研究，其目標卽在於各種社會指標之蒐
集、分析以及模型之建立，從而再進一步改進社會報告制度（Land,
1983:22）。

　　本文之目標係就卅多年來，我國社會之各種社會指標，計算得一
綜合性指標，除與經濟指標加以比較外，藉以瞭解卅年以來的社會情
況以及社會變遷的趨勢。並據複廻歸模型分析綜合指標中之各項指標
在社會變遷中所顯示的重要程度；更進而利用逐步廻歸分析方法，瞭
解我國社會卅多年以來，對於人類基本需求滿足的程度。在理論方
面，利用社會指標之研究進而建立社會指標模型，瞭解社會指標之間
的互相影響關係；在實際方面，根據分析結果提供意見，作爲政策設
計之參考。

二、資料與方法

　　本文就國內自1952年起，至1981年，卅年以來的有關社會指標的
統計材料，經過處理之後進行統計分析。資料分別來自統計資料彙編
（明德基金會生活素質研究中心，1982），社會福利指標（行政院經
濟建設委員會，1982）以及臺灣統計資料（Taiwan Statistical Data
Book, 1982），以限於篇幅未能一一註明。引用之社會指標共廿一
項，參照美國心理學家馬斯洛（A.H. Maslow, 1908-1970）之基本

需求之分類，分列於下：

一、生理方面的基本需求

(一)收入與工作

1.平均每人所得 (1952-1981)　　3.勞動力參與率 (1964-1981)

2.平均每人儲蓄 (1952-1981)　　4.就業率　　　 (1964-1981)

二、個體生活方面的基本需求

(二)居住、保健與娛樂

5.居住費用　　(1952-1981)　 9.熱量消耗　　　(1952-1981)

6.供水普及率 (1952-1981)　10.觀賞影劇次數　(1961-1981)

7.醫療保健費 (1952-1981)　11.每千戶電視機架數(1964-1981)

8.公共衛生支出(1952-1981)　12.休閒時數　　　(1966-1981)

三、社會生活方面的基本需求

(三)安全與保障

13.每十萬人口犯罪件數 (1952—1981)

14.就業人口佔總人口比率 (1964—1981)

(四)親和與平等

15.低收入戶慰問金 (1952—1981)　　17.大學研究所女生比率

16.社會福利支出　(1955—1981)　　　　　(1952—1981)

(五)教育與文化

18.教育及研究支出 (1952—1981)

19.人口中大專程度者比率 (1965—1981)

20. 每人全年郵寄函件數 (1952—1981)

21. 出版圖書件數 (1952—1981)

四、實質生活素質指數 (PQLI)

1.六歲以上人口無寫讀能力者之比率 (1952—1981)

2.嬰兒死亡率（1952—1981）　　　3.預期壽年（1952—1981）

五、平均國民生產毛額（1952—1981）

　　本文首先就上列廿一項社會指標進行處理與分析；計算得1.收入與工作；2.居住、保健與娛樂；3.安全與保障；4.親和與平等；5.文化與教育共五種社會指標指數；再就此五項指數計算得一種綜合性的社會指標指數，暫稱之爲福祉指標指數。所用之處理與分析方法是在一九五〇年代由波蘭的數學家所提出，一九六七年建議聯合國科教文組織採用，資以進行社會發展的定量研究。到了一九七〇年代，許多人用來作爲評估現代化及社會發展的主要方法（Arief: 266～267）。計算公式請見本文之附錄。此項方法筆者曾用以分析臺灣地區各縣市居民的生活環境，依主觀的指標與客觀的指標尋求二者之相關，以及不同地區之間生活環境的差距（席汝楫，1983）。人口中不同的階層所享受的生活品質不同，所以生活品質的好壞，有一種分配的現象。同樣地，生活品質在地區上一樣有分配的現象。這都是研究社會報告的主要課題（黃大洲：183）。再者，生活品質在時間上先後不同的時代也有差別。本文就卅年以來，前廿年（1952—1970）爲第一階段，後十餘年（1971—1981）爲第二階段，從社會指標指數上觀察不同時代的重要社會變遷。對於社會指標之研究目前又應用複變項分析，方法更見精密。本文卽是依據複廻歸模型（Multiple Regression Model）進行分析：

$$y = a_0 + b_1 x_1 + b_2 x_2 + b_3 x_3 + b_4 x_4 + b_5 x_5 \qquad (1)$$

改寫爲本文所用之符號，公式如下：

$$WI = IW + HHR + SS + LE + FE \qquad (2)$$

$$WI = (IW) + (HHR) + (SS + LE + FE) \qquad (3)$$

如以文字敍述，公式(2)之意義卽爲：

社會福祉指標＝收入與工作＋居住保健娛樂＋安全與保障＋親和與平等＋教育與文化

公式(3)之意義，卽爲：

社會福祉＝生理基本需求＋個體生活基本需求＋社會生活基本需求

本文與上列模型進行複廻歸分析，以廻歸係數比較第一期（1952—1970）及第二期（1971—1981），各分項指標之重要程度的變化。再以逐步廻歸分析方法，求得各個決定係數比較前後兩期各分項指標所顯示之基本需求滿足程度之變化。

三、分析結果與闡釋

一、社會指標與社會變遷

關於社會指標之編製，尤其是綜合性指標之計算與否，見解不同，立場互異。國內有的學者以爲應考慮運用混合指標；建立綜合性之生活素質評估方法似有研究必要（黃大洲：175, 178）。但是也有人持有存疑的看法，認爲與其費很多時間、金錢及人力，不如作好現有的各項指標（黃大洲：183）。也有人幷不贊成單一的指標，仍以分類指標爲佳，因其功效顯著（劉本傑，1981: 316）。事實上社會指標之編製，繁簡不一。簡者卽以一個比率作爲一種指標，繁者須以幾種統計數字經過複雜的方法加以處理，轉化爲一個綜合性的指數（Land, 1983:7）。分項的社會指標對社會某一方面的情況，可以提供詳細的說明。但就全盤而言，則需要綜合性的、集合性的指標（Drawnow-ski: 86）。本文係以廿一種不同的社會指標，在時間上係由1952年至1981年（有幾項指標則自 1960's 開始，因爲五〇年代尚未出現此類統計資料），依基本需求的類別予以分類，分別經過處理，先編成下列分項指標指數：

$(一)$收入與工作(IW)，

$(二)$居住，保健娛樂（HHR），

$(三)$安全與保障（SS），

$(四)$親和與平等（LE），

$(五)$教育與文化（FE）。

再以這五項指標指數用相同的處理方法，形成一個綜合指數指標，稱爲福祉指數（WI）。卅年來，臺灣地區各項社會指標指數請見表 3-1。筆者又從有關社會福利指標（經濟建設委員會人力規劃小組）的統計資料中取得1952至1981年歷年之嬰兒死亡率，六歲以上人口中無寫讀能力者之比率以及預期壽年三項指標，先分別轉化爲三項指數，再形成一綜合性的實質生活素質指數（PQLI），列於表 3-1 第八欄。表 3-1 第九欄增列平均國民生產毛額一項資料，作爲經濟指標，用以與社會指標進行比較。

爲了便於說明，依據表 3-1 第二欄至第七欄各項指數，繪成圖 3-1 。圖中曲線顯示臺灣地區卅多年以來，居民在收入與工作、居住保健娛樂、安全與保障、親和與平等以及教育與文化各方面成長的趨勢。如配合卅年以來，政治方面及社會方面之重大事件一起觀察，不但可見及我國社會發展的方向，而且可以知道這些重大事件對福祉指標及其他分項指標所生之影響。反過來說，這些指標確實反映了社會情狀以及社會變遷的趨勢。由圖 3-1 看來，自 1952 到1956之間，由於臺海局勢不定，致使福祉指數曲線下降，迨大陳轉進，局勢稍定，曲線隨卽上升。至1958年，金門砲戰，1959年發生八七水災，曲線稍降；但至次年，美國宣佈協防臺澎，福祉曲線又形成一次高峯。

表 3-1 臺灣地區社會指標指數 1952～1981

年份 YEAR COL. 1	收入與工作 IW COL. 2	居住保健娛樂 HHR COL. 3	安全與保障 S&S COL. 4	親和與不等 L&E COL. 5	文化與教育 F&E COL. 6	福利指數 WI COL. 7	實質生活素質指數 PQLI COL. 8	平均國民生產毛額 GNP/C COL. 9
1952	0	.005	.234	.024	0	.073	0	4.7
1953	.005	.043	.171	.031	.009	.061	.038	6.1
1954	.003	.043	.093	.033	.018	.042	.076	6.4
1955	.006	.061	.028	.035	.030	.044	.087	7.4
1956	.007	.103	.005	.051	.088	.077	.101	8.2
1957	.009	.076	.014	.065	.124	.078	.102	9.2
1958	.009	.077	.034	.063	.122	.077	.135	10.0
1959	.012	.068	.003	.074	.112	.072	.140	11.2
1960	.017	.114	.049	.146	.116	.109	.152	13.1
1961	.019	.111	.078	.084	.105	.093	.158	14.2
1962	.020	.108	.082	.094	.101	.094	.166	15.2
1963	.025	.109	0	.094	.105	.092	.175	16.7
1964	.032	.143	.059	.119	.112	.116	.193	18.9
1965	.077	.117	.049	.119	.129	.115	.198	20.3
1966	.063	.119	.066	.126	.134	.116	.193	22.1
1967	.106	.122	.135	.133	.126	.132	.200	25.0
1968	.130	.136	.138	.166	.146	.154	.213	28.4
1969	.133	.148	.148	.178	.225	.177	.225	32.2
1970	.137	.161	.154	.192	.178	.177	.235	36.3
1971	.140	.162	.174	.213	.198	.188	.239	41.4
1972	.156	.177	.185	.247	.200	.206	.249	48.7
1973	.203	.180	.216	.218	.198	.217	.247	61.9
1974	.194	.206	.216	.200	.228	.224	.247	81.4
1975	.153	.210	.198	.197	.220	.211	.254	85.2
1976	.169	.237	.211	.224	.227	.233	.260	100.0
1977	.197	.246	.227	.233	.211	.244	.257	114.3
1978	.211	.230	.249	.236	.244	.261	.262	133.8
1979	.220	.286	.254	.241	.263	.278	.265	157.8
1980	.226	.289	.256	.262	.272	.286	.272	191.6
1981	.223	.319	.260	.276	.285	.302	.273	222.5

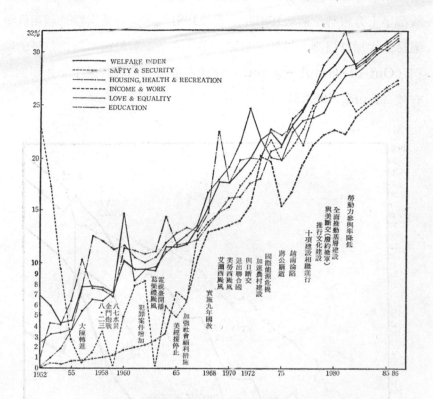

圖 3-1 臺灣地區社會指標指數(1952—1981)

但在1961年，一年之內有兩次強烈颱風，原氣未復，接着在1963年，發生葛樂禮颱風，造成嚴重災害。但其時因加強推行社會福利措施，外國經濟援助雖然停止，福祉指數却連年升高。由於我國在七〇年退出聯合國，致稍有停頓。不過由於社會福利及文教方面的支出增加，直到1974年連年上升。到1973年以後，由於國際能源危機，總統蔣公崩逝，以及越南的局勢，致使各項指數一致滑落，其中尤以收入與工作指標最爲顯著，在曲線上形成一大深谷。到1975年之後，由於十項建設相繼進行，又接着推行文化建設，其間雖與美國斷交，但各項指數都呈上升趨勢，直至1981年。至於1981年之後各種指數是利用簡單廻歸公式加以預測，只是這個工作未見成功。對於樣本時期以外的時期（Out-of-sample-period）作社會趨勢的預測，還不能如預期地有效（Land, 1983:21）。

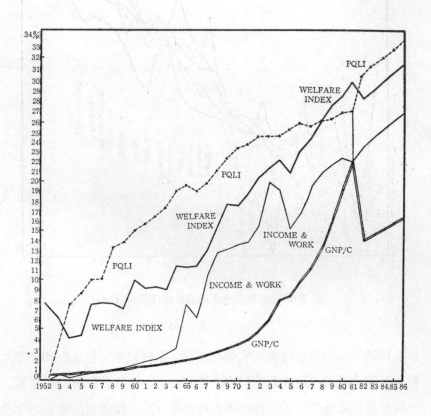

圖 3-2 臺灣地區社會指標與經濟指標（1952-1981）

表 3-1 第七欄至第九欄列有三種不同的指數，是福祉指標指數，實質生活素質指數以及平均國民生產毛額以1976年爲基期之指數。爲了進一步瞭解三種指數是否都能反應社會情狀之變遷，特繪製圖3-2，

以資比較。圖中另一曲線是收入與工作指數，以其歷年來升降起伏頗
大，一併列入，相互比較。從圖 3-2 看來，四種曲線都是從 1952 年
起，皆有陸續升高的趨勢，但其平滑起伏，升降曲折，各不相同。其
中以福祉指數之曲線升降起落情形較爲突出。收入與工作指數之曲線
雖有大升大降，但不若福祉指數曲線之起伏，富於變化。實質生活素
質指數及平均生產毛額指數二者之曲線歷年皆呈上升趨勢，但皆平滑，
缺少起伏變化。福祉指標指數雖然是一種綜合性的指數，但從圖3-2中
的曲線比較觀察，確知此種指標對社會變遷的情況頗有描述與顯示的
能力。如果再配合其他分類指標一起觀察當能更知其功效之彰明顯著
也（劉本傑，1981:316）。筆者又把平均生產毛額指數之歷年成長率
與福祉指標指數之歷年成長率加以比較，發現前者歷年皆呈正成長，
雖有起落曲折，但不若後者之起落，較有變化；而且卅多年來，其間
曾有七次爲負成長。此亦足以說明福祉指標較其他指標更能反應社會
情況以及社會變遷的動向。

　　筆者爲明瞭臺灣地區卅多年以來，五種社會指標在不同期間其重
要程度之變化，進一步進行複廻歸分析。五種社會指標各代表居民在
生活上的基本需求 （Mann: 258），在不同時期對不同的基本需求所
給予的重視程度不同。現在以福祉指標爲應變項，其他五種分項指標
爲自變項，就1952—1981，1952—1970，及1971—1981，分別依複廻
歸模型進行分析，求得複廻歸係數如表 3-2（括號中爲 t 值）。

　　在廻歸分析中，廻歸係數愈大的那個變項對應變項的變異愈有預
測力（林清山: 193），也可以依其值之大小確定其中最重要的變項
（Hanushck: 95; Achen: 68—77; Lewis-Beck: 63—66）。我們
把卅餘年的時間，約略分爲前二十年爲一個階段，後十餘年爲另一階
段。就廻歸分析所求得之廻歸係數，確定五種社會指標所代表之五種

表 3-2 複廻歸係數

(1)	(2) 1952—1981	(3) 1952—1970	(4) 1971—1981
1. 收入與工作	.104 (2.185)	.080 (1.126)	.278 (2.512)
2. 居住保健娛樂	.335 (9.431)	.239 (2.725)	.351 (17.110)
3. 安全與保健	.210 (9.946)	.193 (6.061)	.086 (1.426)
4. 親和與平等	.158 (3.519)	.221 (2.602)	.211 (18.530)
5. 教育與文化	.226 (5.210)	.239 (4.308)	.170 (10.155)
常　　　數	.007	.011	.001
F Value	1654.19	243.75	7070.74
R^2	99.65 %	98.46 %	99.97 %
D—W test statistic	1.624	1.624	3.143

基本需求，在不同期間所顯示之重要程度。就表中第二欄來看，各種指標的廻歸係數，其值大小不同，顯示不同的基本需求受重視的程度不同。卅餘年以來，最受重視者爲居住、保健及娛樂等個體生活方面需求之滿足。其次爲文化、教育、安全與保障以及親和與平等諸項社會生活方面需求之滿足。最後才是收入與工作，是生理需求的滿足。如就表中第三及第四欄比較觀察，臺灣地區卅餘年以來，前廿年與後十餘年這兩個期間，基本需求所顯示的重要程度並不一致；這種改變可能是由於社會變遷所產生的影響。近十餘年來，社會最重視者爲個體生活方面需求之滿足，以居住保健娛樂爲優先；次則重視生理方面需求之滿足，強調收入與工作；社會生活方面需求之滿足則居後。如果就表中(2)、(3)及(4)各欄之廻歸係數依其值之大小，順序排列等次，分別求得等級相關係數爲：$r_s(2)(3) = .875$; $r_s(2)(4) = 0.1$; $r_s(3)(4) = .175$；這些數字亦可作爲佐證，說明前廿年與近十餘年來，對於各種基本需求受重視之程度前後迥異。

二、社會指標與經齊指標

我國卅餘年以來，由於經濟快速成長，人民生活水準因之提高，遂而也重視到生活素質之衡量，以及社會發展之評估與社會變遷之研究。基於實際上之需要，經濟指標雖早已受到重視，社會指標近年來也逐漸受到注意。祇因為社會指標之功用尚未充分發揮，經濟方面的指標，諸如國民生產毛額等項，不斷地引用來衡量社會情狀及社會發展與進步。在進行設計工作時也就引用經濟變項作為發展的目標。這種情形歷時頗久。有人以為習用已久的經濟變項用來衡量社會情況之改善，未見適當；而且，作為政策設計之依據也未見得令人滿意（Drewnowski: 77）。在經濟發展的過程中，不但在財貨及勞務上日益增長，而且在經濟制度上亦能推陳出新，不斷提高生產力，國民所得逐年增長。在社會成長方面，全民生活水準獲得逐年增長。在社會發展方面，由於全民生活獲得更高之滿足，社會參與機會增多，行為規範及價值觀念亦有變遷，各種社會制度因而陸續蛻變。有人以為經濟成長與社會發展之間有其相互影響的關係。究竟如何影響，實係值得大家關切。

欲對此一問題尋求答案，須先說明經濟成長及社會發展如何應用定量方法去量度的事。經濟成長方面常常用生產力（Human Productivity）之增進與否來衡量的。於是編製各種經濟指標表明經濟成長、衰退、遲緩、停滯等等量方面的變化。這些指標也能指出成長的方向與快慢速度。卅多年以來，我國經濟成長快速，國民所得不斷提高，而且所得分配亦趨均等。這些成就都可從各種完備的經濟指標報告中，得而知之。至於社會方面卻往往只用發展或變遷等詞作概括性之說明。所以如何加強社會指標之研究，用以衡量社會發展與成長實係切要之舉。

社會指標與經濟指標不同，社會指標是一系列的時間數列的指數，用間接的方法，對所選定的有關社會變項加以量度，指出了人類需求的滿足程度；有時就稱之爲社會福祉指標，雖然所選定的變項不能涵蓋所謂福祉中的全部變項。社會指標中有人口指標，與福祉指標雖有不同，却也不易劃分清楚。例如：嬰兒死亡率是一種人口指標，但也用來作爲醫護保健方面的福祉指標也有同樣的情形。例如，社會易動指標（Social Mobility Indicators）可視爲社會關係指標，也可作爲福祉指標。經濟指標所量度的現象不同，例如，平均國民生產毛額是指某一時期某一經濟單位每一居民分攤之總生產量，並且係以市場價值表示之。蓋經濟活動的整個過程，從生產到需求之滿足可分成不同的階段。經濟指標，如平均國民生產毛額等，只是這種過程中的一個中介變項，是用以滿足人類需求的一種手段，亦可視之爲滿足需求時付出之代價，還不能用來衡量需求之滿足程度。國民所得這種指標也是如此，是經濟行爲過程中早期階段的一個變項，與需求之實際滿足尚有一段距離（Drewnowski: 80）。

社會指標用來指出人類需求的滿足程度，這是一種心理上的反應，對幸福之期求，滿足與否，也是有相對的性質。常用的國民生產毛額與其他經濟指標却不能反應出諸如此類的現象。而且貨品與勞務之市場價值又不見得與社會幸福有一定的關聯。假定人類的經濟行爲可能受到文化系統中的價值觀念與規範等的影響，國民生產毛額以及國民所得等可能是這類影響的產物。但是經濟指標却反應不出規範與價值觀念的變遷以及與經濟行爲之間的關係。更有甚者，由於經濟成長而帶來的環境污染等等，在經濟指標中也顯示不出來（Land, 1983:3）。基於以上各點，大家實應積極研究社會指標，以補充經濟指標之不足。抑且，二者相互應用，相輔相成，才能更有效地衡量經濟發展與社會發展。

表 3-3　經濟成長之福祉效果　1952~1981

YEAR COL. 1	WI/GNP/C COL. 2	HHR/GNP/C COL. 3	S&S/GNP/C COL. 4	L&E/GNP/C COL. 5	F&E/GNP/C COL. 6	WI/GNP/C COL. 7	GNP/C/WI COL. 8
1952	0	1.000	46.800	4.800	0	14.600	.068
1953	.833	7.166	23.500	5.166	1.500	10.166	.098
1954	.500	7.000	15.500	5.500	3.000	7.000	.142
1955	.857	8.714	4.000	5.000	4.285	6.285	.159
1956	.875	12.875	.625	6.375	11.000	9.625	.103
1957	1	8.444	1.555	7.222	13.777	8.666	.115
1958	.900	7.700	3.400	6.300	12.200	7.700	.129
1959	1.090	6.181	.272	6.727	10.181	6.545	.152
1960	1.307	8.769	3.769	11.230	8.923	8.384	.119
1961	1.357	7.928	5.571	6.000	7.500	6.642	.150
1962	1.333	7.200	5.466	6.266	6.733	6.266	.159
1963	1.470	6.411	0	5.529	6.176	5.411	.184
1964	1.601	7.150	2.950	5.950	5.600	5.800	.172
1965	3.850	5.850	2.450	5.950	6.450	5.750	.173
1966	2.863	5.409	3.000	5.727	6.090	5.272	.189
1967	4.240	4.880	5.400	5.320	5.040	5.280	.189
1968	4.642	4.857	4.928	5.928	5.214	5.500	.181
1969	4.156	4.625	4.625	5.562	7.031	5.562	.179
1970	3.805	4.472	4.277	5.333	4.944	4.916	.203
1971	3.414	3.951	4.243	5.195	4.829	4.585	.218
1972	3.183	3.612	3.775	5.040	4.081	4.204	.237
1973	3.274	2.903	3.483	3.516	3.193	3.500	.285
1974	2.395	2.543	2.666	2.469	2.814	2.765	.361
1975	1.800	2.470	2.329	2.317	2.588	2.482	.402
1976	1.690	2.370	2.110	2.240	2.270	2.330	.429
1977	1.723	2.157	1.991	2.043	1.850	2.140	.467
1978	1.574	1.940	1.858	1.761	1.820	1.947	.513
1979	1.392	1.810	1.607	1.525	1.664	1.759	.568
1980	1.177	1.505	1.333	1.364	1.416	1.489	.671
1981	1.004	1.436	1.171	1.243	1.283	1.360	.735

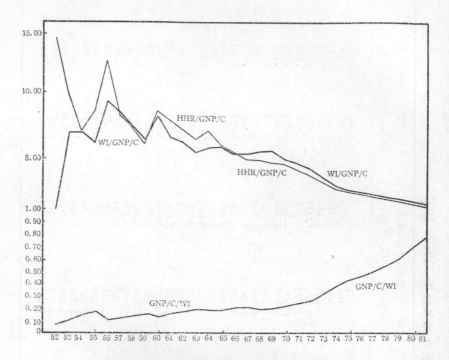

圖 3-3 經濟成長之福祉效果與福祉之生產效果

　　社會指標與經濟指標不同，但社會發展與經濟發展之間存在着某種關係，值得深入探討。假定在某種情況下，國民生產毛額與人類需求之滿足，或者稱之為社會福祉，二者之間有種關係（Drewnowski: 82）。例如，視國民生產毛額為投入（Input），社會福祉為產出（Output），產出與投入之比即表示了經濟成長的福祉效果（Welfare Effect of Economic Growth），如表 3-3 第七欄所示。在表 3-3 第二欄至第六欄則分別表示經濟成長對社會指標各分項福祉的效果。

　　同樣我們假定，人類需求之滿足，社會福祉之提高，可以提高生產力，進而更可促進生產（Drewnowski: 82）。把社會指標視為投入，國民生產毛額視為產出，二者之比率即表示了福祉的生產效果

(Productivity Effect of Welfare)。表 3-3 第八欄即係此種生產效果。

就表 3-3 第七欄及第八欄歷年之比率繪成圖 3-3，用以觀察福祉效果與生產效果二者之間的關聯。由圖中曲線看來，臺灣地區卅餘年以來，福祉效果比率逐年有遞降的趨勢，但是生產效果比率却有逐年遞增的趨勢。最近十餘年以來，二者愈有接近的傾向。福祉指標中的其他分項指標與生產毛額之比率也有逐年遞降的趨勢。其中原委，值得再進一步加以探究。

三、社會指標模型與需求滿足理論

歷年執行經濟政策的人都注意到就業與所得的問題。在追求經濟成長之外也注意到所得分配方面，國人常提到富與均即是此意。此外也更宜重視全民對基本需求的滿足程度。本文的另一個目標係就臺灣地區近卅年來，依社會指標模型，分析我國國民在基本需求上的滿足程度。

關於基本需求的滿足程度可分兩個層次來說：一為物質的層次，即人類生理的需要，如食、衣、住、行、醫藥保健等等。二為非物質的層次，即是教育、就業、娛樂，以及對公共事務之參與等等（Mann：258）。關於基本需求之理論，玆以美國心理學家馬斯洛（Abraham H. Maslow, 1908—1970)所倡者為例加以論述。他認為人類的各種需求可以分成不同的層次，低層次的需求滿足在先，然後再提升到較高層次的其他需求。他提出的五個層次是：生理需求（Physiological Needs），安全需求（the Need for Safety），親和與相屬需求（the Need for Love and to Belong)，尊嚴需求（the Need for Esteem），以及自我實現的需求（the Need for Self-actualization)。馬斯洛除把需求的種類依其層次加以分類外，又認為不同層次的需求，出現的次序先後不同。就動物演化過程而言，較高層次的需求是高度演化的發展結果。食的需求，人類與其他動物皆有；愛的需求，人類與靈長類才有。自我實現的需求乃人類獨有。從人類個體生長的過程上看，較高層次的需求係在較長時才有的。嬰兒初生時，有生理的需求，有安全的需求。稍長有被愛的及相屬的需求；及長乃有獨立、自主、要求尊重、讚許及成就等等。更長時，自我實現的需求與時俱增（Maslow, 1970:98）。馬斯洛基於此種比較的潛勢原則（the Principle of Relative Potency），提出需求的層系論（Hierarchy of Needs），意卽在五種需求之中，安全需求強於被愛的需求，生理需求又強過安全需求，其他需求的強度依次遞降；但就潛在的優勢原則來說，對基本需求企求的程度却又依次遞增，這也就是馬斯洛所謂需求之相對的滿足程度。一種需求滿足之後，另一需求遂卽發生了。不過并不是說某一需求百分之百滿足之後，另一需求才能發生。由於需求有不同的層次，從低的層次到高的層次，在滿足程度上有遞減的傾向。馬斯洛爲便於說明列舉數字爲例：一般人在生理需求方面滿足了百分之八十五，在安全方面是百分之七十，親和需求百分之五十，自尊的需求百分之四十，自我實現方面百分之十（1970：53）。他也更進一步指出：較高層次的需求并不是忽然出現，而是逐漸地發生。例如：甲需求滿足了百分之十之際，乙需求或許還未出現。但是當甲需求滿足程度達百分之廿五時，乙需求可能已到百分之五的滿足程度。一旦甲需求已達百分之七十五時，乙需求或已達百分之五十了（Maslow, 1970：54）。

這種理論自提出之後，迄今仍然爲人重視。本文除了應用基本需求的理論，作爲社會指標分類的參考外，并擬進一步以實徵的方法、證驗馬斯洛基本需求層系的漸進且相對地滿足的論點。筆者進行這項工作是依複廻歸模型，應用逐步廻歸分析 (Stepwise Regression)，以福祉指標指數為應變項，其他五個分項指標指數為自變項（請見表 3-1 第二欄至第七欄）。依次求得決定依數（複相關係數之平方，R^2），作為比較滿足程度的數據。在廻歸分析中，決定係數為可解釋的變異與總變異之比，以百分數表示之，依 R^2 值之大小，選擇最佳之廻歸公式 (Hanushek：95)。如果 R^2 值相當大，則謂已達較好的適合度 (Goodness of Fit)，如 R^2 值相對地小，則認為不夠滿意(Achen：58)。決定係數既係自變項對應變項的變異可以解釋的部份；如欲增高自變項對應變項之解釋能力，在廻歸公式中把自變項的數目逐次增加。增加的自變項數目一直到 n—1 時，決定係數的值也隨之增高，可以達到 R^2 =1.0(Lewis-Beck：53)。茲以1952—1981這段期間內的福祉指標指數為應變項，各項分項指標指數為自變項進行逐步廻歸分析，結果如表 3-4。

表 3-4 福祉指標與其分項指標之逐步廻歸分析 (1952—1981)

	C	IW	HHR	SS	LE	FE	R^2	$\hat{R}^2$	F Value
				Regression Coefficient					
Step 1	.063	.915 (23.49)					95.17%	94.99%	551.57
Step 2	.035	.527 (8.80)	.443 (7.05)				98.30	98.17	779.71
Step 3	.025	.364 (5.76)	.500 (9.53)	.131 (3.99)			98.94	98.82	812.08
Step 4	.014	.190 (2.97)	.417 (9.18)	.156 (5.92)	.250 (4.21)		99.38	99.28	1005.51
Step 5	.007	.104 (2.18)	.334 (9.43)	.210 (9.95)	.158 (3.52)	.226 (5.22)	99.71	99.66	1654.19 D-W test 1.624

　　從表 3-4 可知：如果只是收入與工作一個自變項，其對福祉指數指標的變異可解釋的部份為百分之九十五。第二步增加居住保健娛樂這一變項後，R^2 值增高到百分之九十八，由於這一變項所增高的

R^2 為百分之三。陸續增加第三變項（安全與保障），第四變項（親和與平等），第五變項（教育與文化）後，R^2 值續有增高，直到 R^2 ＝99.7％，但每一變項所增高之 R^2 值不大；第三變項及第五變項各為百分之一，第四變項所增加之 R^2 值尚不及百分之一。

　　筆者又把卅年的時間分為兩個階段。前廿年（1952～1970）為一階段，後十餘年（1971～1981）為另一階段，分別進行逐步廻歸分析。玆把逐步廻歸分析求得之 R^2 值，及每一自變項增列入廻歸分析公式後，R^2 值之增加部份，列為下表：

(1)	1952～1981 (2)		1952～1970 (3)		1971～1981 (4)	
1. 收入與工作	95%	95%	87%	87%	68%	68%
2. 居住保健娛樂	98	3	92	5	98	30
3. 安全與保障	99	1*	95	3	98	1
4. 親和與平等	99	1	97	2	99	1
5. 教育與文化	100	1	99	2	100	1

* 1　小於百分之一

　　本文所指稱的各項基本需求，雖未能與馬斯洛所提出之基本需求完全相符，但大致上也符合需求層系的排列。例如：安全的需求強於親和的需求，生理的需求（收入與工作）又強於安全的需求。如把此五種基本需求再行歸類，似可分為：生理方面的基本需求（收入與工作），個體生活的基本需求（居住保健及娛樂），及社會生活的基本需求（包括安全與保障，親和與平等，教育與文化三項），共三大類。收入與工作為滿足個人生理之基本需求。居住、保健娛樂為滿足個體生活的基本需求。其餘三項為滿足社會生活的基本需求。這樣把五個項目減縮為三大類基本需求，主要是由於不同層次需求的滿足，需要更複雜的人際關係，社會團體，進而牽涉到整個社會。愈是低層次的需求在求滿足時，只涉及一己一家，也常是以個人的活動為中心。另一方面，爲求尊嚴，爲取得社會地位則須牽涉更多的人，在更大更複雜的社群中進行，而且爲時也久，用更多的方法和手段，在社會中有更多更深的參與，以及更好的外在環境（Maslow, 1970:99），而且，這樣的分類也更便於比較說明。

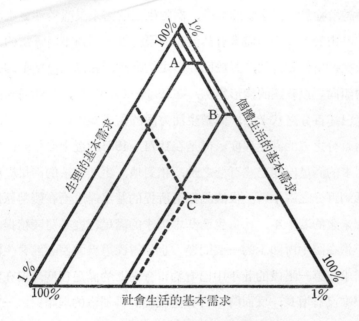

圖 3-4 臺灣地區居民基本需求滿足程度

　　由上表第三及第四欄比較來看，我國社會在卅年中的頭廿年，生理方面的需求滿足了百分之八十七，個體生活方面的需求滿足了百分之五，其餘部份則是社會生活方面需求的滿足程度。在第二階段的最近十餘年以來，生理方面的需求滿足了百分之六十八，個體生活方面的需求滿足了百分之卅，但是在社會生活方面的需求却只滿足了百分之二強。爲了更進一步比較卅年以來，前後二期，基本需求滿足程度之消長，請參閱圖 3-4。圖爲等邊三角形構成，每個邊是由百分之一到百分之百的線段。C 點爲中心，由 C 點到各邊之距離總和爲一百。

C點為一理想狀況，如果，生理的需求、個體生活的需求以及社會生活的需求，三者達到均衡的狀態的話。圖中A點及B點係依上表第三及第四欄之數據繪出，顯示需求滿足程度之消長。

根據上表顯示之事實，足可說明馬斯洛基本需求滿足的潛勢原則。生理的需求強於個體生活的需求，個體生活的需求又強於社會生活的需求。但由於各項基本需求有其潛在的優勢，人類對不同需求的企求程度依次遞增；相對地，對於已經滿足的需求，在滿足程度上却又有遞減的傾向。以我國的情形為例，在1952～1970年代，生理需求的滿足程度已達百分之八十七，個體生活方面的需求雖逐漸受到重視，却也只有百分之五的滿足程度。但是在1971～1981的近十餘年間，個體生活需求的滿足程度已達百分之卅，相對地，生理需求的滿足程度却又降低到百分之六十八。根據馬斯洛所提的基本需求潛在優勢原則，在我國未來的若干年，社會生活基本需求的滿足程度必將陸續提升。

不過在圖中所顯示的一個問題，也值得深思與關懷。社會生活的基本需求在第一階段的廿年中已有約百分之七的滿足程度，但在第二階段不唯沒有增長，反而降到百分之二強。馬斯洛的理論對這一點就無法說明了。另一個問題需要提出來的是：各種基本需求的滿足程度與其重要程度是否一致，意即為社會所重視的基本需求亦能獲致較高度的滿足？比較觀察各項基本需求在廻歸分析中計算得之廻歸係數，與逐步廻歸分析中計算得之決定係數，分別依前廿年及後十餘年計算等級相關係數，前廿年之等級相關係數為－.425；後十餘年之等級相關係數為＋.875。這裡似乎看出一點端倪，在近十餘年來，被認為係重要的需求，滿足程度也高。這是指生理的及個體生活方面的需求而言。至於社會生活方面的需求則較不受重視，滿足程度也相對地低了。

四、結　語

目前，我國在社會發展的過程中，衆所皆知的事就是社會生活方面基本需求的滿足程度應該如何提升的問題。社會生活方面的需求係指在社會團體生活中與他人相處而後才能滿足的，包括安全與保障，親和與平等，教育與文化等等，以及亦如馬斯洛所說的，個人在心理上的發展，求得自我實現。這些都是高層次的需求。由於需求之層次高，人們在主觀上愈顯得較不急切，在實現的時間上認爲是可以延緩的，甚至有人認爲是遙不可及的，不易獲致的。人們有了這種主觀的偏差，遂而急功好利，熱衷追求生理的及個體生活方面基本需求之滿足爲務。

研究社會指標，改善社會報告，啓廸社會大衆，使人人認清一己之需求，瞭解自己的確實需要，不以低層次需求爲自滿，而要滿足高層次的需求，追求更高境界的生活爲目標。高層次需求之滿足需要更多的先決條件，如家庭關係的完美，人際關係的融洽，教育、政治及經濟等方面的妥適等等。追求高層次需求之滿足，使人人有健全的性格，更強的愛人淑世的精神，更具有自愛自尊的特異氣質及自我認知的能力，進而邁向安和樂利的境界。

四 國家發展指標：國際間之比較

一、前　言

　　我國建設的主要目標在增強國家的力量，提高人民生活水準，創造更多福祉。易言之，致力於政治、經濟及社會三方面之成長與發展，滿足基本需求是大家共同努力的目標。在經濟發展的過程中，不但在財貨及勞務上有量的增加，使國民所得增加，同時在社會生活的各個層面也要有極快速的轉變，使社會參與的機會增多。經濟、政治及社會三者之間關係密切。經濟發展方面常常用人類生產力（Human Productivity）之增進來加以衡量，編製經濟指標表明成長、增加、進展、進步、落後或遲緩等定量的變化，並且指出方向與速度。在社會及政治發展及基本需要之滿足方面，却往往只用變遷一詞概括說明。如果要進一步用量化的方法，顯示發展的方向與速度時則較困難，但也並不是完全不可能的事。我國在經濟方面快速成長，所得分配之平均，社會福利之增進，皆有成就；經濟指標之編製，亦稱完備。生活水準之提高是生活素質提升之先決條件，在生活水準到達相當程度之時，接着也就重視到生活素質之衡量，社會發展程度之估評。所以除經濟指標早已受到重視外，社會指標近年來也逐漸受到重視。許多社會科學家在不斷努力加強研究生活素質與社會指標的有關問題，這是令人十分欣欽的事。生活素質與生活水準兩個名詞意義不同，却常常使人混淆，因而在二者的量度方法上，也就更需要清楚的分開來。生活素質包含了人類生活的各個層面，有物質的以及精神的。人總是先求活著而後要求活得更好。首先，第一個層面是求生存，求活命，生命有保障而且能够溫飽，滿足生理需求；次則求生活上不虞匱乏，財產有保障；再則希求生活滿足舒適。第二個層面，是屬於精神方面的，求生活之充實、進取、美滿、健康，個人能力之充分發展，而後自由、榮譽、參與、快樂與幸福等等。第一個層面涉及所得、消費與均富，指生活水準之追求，第二個層面則擴而大之在物質之外，廣袤了精神方面，涉及生活素質之提升。前者係指人類基本需要獲得滿足的程度，後者則指出人類在生活環境中對所有事物滿意的程度；二者之間存有一種複雜的關聯。不過在追求較高物質的生活水準之時，却在精神方面付出了相當大的代價，例如人際關係的疏隔，社會犯罪的增加，秩序與安全的損害，環境的污染，自然生態的破壞等等。在量度技術上，物質方面的生活水準，比較具有客觀性，也容易利用定量的方法，加以測度。生活素質不僅有物質方面的成分，也包含了精神方面的成分。由於是出之於主觀的認定，應用定量的方法去衡量時，就比較困難。目前已經有些學者在努力逐步克服這些困難，編製不同的社會指標，用來衡量生活品質。社會指標之編製端視應用者之需要而定。有地區性者，以衡量地方社區之生活品質，並可進行國內不同地區社會發展情況之比較。又有全國性者，以及國際性者，可作不同國家之間的比較，亦可就時間序列上加以比較。更有用多項目指標，進一步編製成綜合性的社會指標，再配合經濟指標或其他變項（例如，政治方面的）進行更複雜的分析，以便瞭解經濟發展與政治自由以及社會發展三者之間的關係。

　　本文目的，首先簡介實質生活品質指數編製方法，用以瞭解臺灣地區近卅年來社會發展趨勢。第二、以此指標，就世界一百卅二個國之社會發展進行國際間的比較。第三、以經濟發展、社會發展、政治發展三者的指標混合編成一種綜合性國家發展指標，就一百卅二個國家加以比較。第四、比較分析不同經濟制度的國家，經濟發展、社會發展及政治發展三者之間的關聯。

二、廿八年來臺灣地區實質生活品質指數之增長

　　經濟發展成果歷來沿用國民生產毛額（GNP）來衡量。但是多數人認為這種指標並不完美，所以不能令人滿意。因為經濟發展的目標在於生活品質的改善，國民生產毛額並不能顯示經濟成長對人民生活方面的直接影響，及人民生活上的改善狀況與實質的福祉。國民生產毛額只說明了經濟發展的一項事實，未能顯示所得分配的情況。而且經濟發展落後的地區，以農為主，自給自足，生產活動不能全部用貨幣加以表示。即使可以克服這種困難，却仍不能顯示出政府在經濟發展的過程中，照顧一般大衆努力到什麼程度。或者說，一般人民所獲得之實質福利無法由國民生產毛額上觀察得知。

　　多年以來，許多人一直從事研擬一種更具敏感性的指標，用以衡量生活品質及人類基本需要滿足的程度，作為比較不同國家或國際發展的客觀標準。一九七○年代，這種工作普遍的受到重視。到一九七六年間，美國的海外開發協會設計了一種實質生活品質指數（Physical Quality of Life Index, PQLI），用來確定地衡量一般大衆的實質福利，這種指數已逐漸廣為採用。

一般所謂人類基本需要包括足夠的糧食、住宅、衣着、家庭用具、清潔的飲水、衞生設施、公共運輸、健康及教育措施。但各國或各地區對以上基本需要的要求並不一致。與其用政府「投入」的數量來衡量，不如由人民所「獲得」之成果來觀察，這就是所謂實質福利的概念。衡量實質福利的指標則稱之爲實質生活品質指數。實質福利指標包括預期壽年之延長，嬰兒死亡率之降低，及識字率之提高。預期壽年及嬰兒死亡率反映社會全體大衆在營養水準、衞生保健、所得分配及環境之改善。嬰兒死亡率還受到家庭環境、婦嬰健康、公共衞生之影響。預期壽年也顯示了營養衞生、工作條件、社會環境之改進。識字率則表示了個人能力之發展。

識字率，嬰兒死亡率及預期壽年三者反應生活品質，合併計算稱之爲實質生活品質指數。計算時先分別求得各個統計量之量表值(Scale Score)，以相等之權數，求得一個綜合性的指數。現在分別說明實質生活品質指數之計算方法。識字率量表值之計算公式如下：

$$X_i = \frac{x_i - x_o}{x_m - x_o} \times 100$$

x_i　　該國（或地區）之識字率

x_o　　識字率最低國家（或地區）之數值

x_m　　識字率最高國家（或地區）之數值

預期壽年之量表值計算公式相同。公式是：

$$Z_i = \frac{z_i - z_o}{z_m - z_o} \times 100$$

嬰兒死亡率減低，實質生活品質指數增高，所以嬰兒死亡率之量表值計算公式稍有不同。計算公式如下：

$$Y_i = \frac{y_i - y_m}{y_o - y_m} \times 100$$

實質生活品質指數＝（X_i＋Y_i＋Z_i）÷ 3 。這是一個綜合性指數，指數之值最小爲 0，最大爲 1。這種指數之優點在於材料容易取得，計算簡單，客觀。與主觀判斷有別，而且容易了解。對於政策制定者及一般人都很方便。且未牽涉到各國貨幣單位，便於進行國際比較。與政治結構亦無牽扯，雖然是不同文化背景之國家或地區皆可加以比較。卽使是同一地區，也可基於時間先後，進行比較，用來瞭解生活品質之發展趨勢。不過這種指數也有缺點。各國的材料品質，信度無由得知，這是應用第二手材料時不可避免的困擾。計算時，有人懷疑三種數值何以用相同的權數。不過經過廻歸分析，大致可確定，X、Y 及 Z 的廻歸係數，相差不大。用相同的權數並無不宜。用這種指數比較時，說明和解釋有一些困難。假如實質生活品質指數在時間上，逐年增高或降低了，原因何在? 很不容易回答出來。再則生活品質之衡量有若干因素係屬於社會及心理方面的，所以這個指數還不能充分包含與生活品質有關的其他方面的因素。

　　現在筆者應用上述方法，以臺灣地區將近三十年以來的資料，計算實質生活品質指數，以明瞭我國實行三民主義，推行經濟建設，在社會發展方面之成果。請看表 4-1 各欄。二、三、四各欄分別爲識字率、嬰兒死亡率、及預期壽年，轉錄自行政院經濟建設委員會編印之六十九年社會福利指標一書。經依公式計算得各項量表值，就三項量表值之和，計算加權（三個權數相等）平均數，卽爲歷年之實質生活品質指標（見表 4-1 第五欄）。以民國四十一年爲基期，該年指數爲零，逐年增加，至六十八年爲九十九點五，其間除六十二年稍見減低外，歷年陸續增加。表中第七欄爲個人平均所得，四十一年時爲新臺幣一萬元，其後逐年遞增，至六十八年時增至四萬九千元。其間六十三年時亦形降低，其後又見回升。由於六十四年及六十五年之嬰

表 4-1 臺灣地區實質生活品質指數（民國41年至68年）

年別	識字率	嬰兒死亡率	預期壽年	以民國68年為準	以民國69年為準	平均所得
	(X)	(Y)	(Z)	PQLI	PQLI	(65年幣值,千元)
(1)	(2)	(3)	(4)	(5)	(6)	(7)
41	57.9	91.2	58.6	0.00	0.00	10
42	58.5	78.0	60.4	12.06	8.96	11
43	60.3	64.5	62.1	25.26	18.81	11
44	62.1	60.6	62.5	30.18	22.51	12
45	62.9	54.2	62.6	34.44	25.85	12
46	67.7	57.6	62.5	37.59	28.13	13
47	69.1	46.8	64.3	49.33	36.77	13
48	71.1	46.5	64.3	51.60	38.47	13
49	72.9	42.2	64.5	56.16	41.96	14
50	74.1	42.3	65.0	58.76	43.78	14
51	75.2	40.4	65.3	61.69	45.94	15
52	76.4	38.5	65.8	65.27	48.55	16
53	77.6	31.9	66.5	71.70	53.38	18
54	76.9	30.7	67.3	73.75	54.75	19
55	76.9	32.3	66.9	71.87	53.40	20
56	80.6	34.1	66.9	74.91	55.61	21
57	83.6	30.9	66.9	79.67	59.26	23
58	84.7	28.7	67.9	84.66	62.81	24
59	85.3	26.5	68.7	88.58	65.60	27
60	86.0	26.3	68.9	89.97	66.60	29
61	86.7	24.4	69.4	93.02	68.81	33
62	86.2	24.1	69.5	92.91	68.72	36
63	86.7	24.6	69.5	93.20	68.92	34
64	87.1	23.8	70.1	95.67	70.64	35
65	87.9	23.1	70.5	97.96	72.27	39
66	88.3	24.6	70.5	97.66	71.99	42
67	88.8	24.1	70.7	98.98	72.95	46
68	89.3	24.1	70.7	99.51	73.34	49
⋮	⋮	⋮	⋮		⋮	
89	100.00	7.0‰	77.0		100.00	

資料來源：(2)69年社會福利指標，21頁。

(3)前書，27頁。

(4)同(3)。

兒死亡率較六十八年爲低，尤以六十五年之千分之廿三點一爲最低。一時還未能揆知其原因。也是由於這種情況，六十八年之指數未能達到一百個百分點。表示第七欄個人不均所得與第五欄實質生活品質指標，二者之相關係數爲零點八五，相關程度頗高。

由於有人以公元二千年（卽民國八十九年）時，實質生活品質指標可能達到最高水準爲一百，也就是說，屆時依分項標準而言，識字率爲百分之百，嬰兒死亡率爲千分之七，預期壽年爲七十七歲。如依此爲最高標準，再計算臺灣地區自民國四十一年以來的實質生活品質指數，結果請見表 4-1 第六欄。自民國四十一年以來，歷年的生活品質逐漸提升，雖然民國六十二年及民國六十六年稍有頓挫，至民國六十八年達於七十三個百分點。與民國八十九年之最高點一百，仍有廿七個百分點之差距。這也就是在今後十九年間，有待努力的目標。識字率廿八年以來提高了百分之卅一。由於教育普及，就學率高，且老年人逐年死亡，未來廿年間，識字率提高到百分之一百，甚是可能。嬰兒死亡率由民國四十一年之千分之九十一遞減至民國六十五年之千分之廿三，民國六十六年時却又增高至千分之廿四點六。民國六十八年仍爲千分之廿四，至民國八十九年時之千分之七，仍有千分之十七的差距，需待努力。預期壽年則自民國四十一年之五十九歲，逐年提高，至民國六十八年時將近七十一歲。廿八年之間，預期壽年增高了十二年之多。如無其他變動，今後十九年，預期壽年提高爲七十七歲，當可預卜。

實質生活品質指標與平均國民生產毛額二者，如果就世界上不同經濟制度的國家之間進行比較，也是極有意義的事情。筆者就一百卅二個國家，一九七七年的資料，經列成表 4-2。資料取自一九七八年三月十三日時代週刊所刊載者。

表 4-2 不同經濟制度 國家 的平均每人國民生產毛額與實質生活品質指標 1977

平均國民生產毛額(美元)	共產主義國家 n	PQLI	社會主義國家 n	PQLI	社會主義(第三世界) n	PQLI	混合型經濟國家 n	PQLI	資本主義國家 n	PQLI	資本主義(第三世界) n	PQLI	全部 132國 n	PQLI
250	2	30	1	18	10	23	17	32	1	32	3	34	34	29
251-500	2	57	1	25	6	30	8	31	4	64	2	31	23	38
501-750	1	72			2	54	4	52	4	63	2	36	13	55
751-1000	2	82			2	48	5	58	1	53			10	60
1001-1500	1	90	3	84	1	39	3	67	4	80			12	77
1501-2000	1	84	1	78			1	44	2	82			5	74
2001-2500	2	91											2	91
2501-3000	2	91	1	79	1❶	44	2	88	2	90	1❹	21	8	80
3001-3500							1	92					2	68
3501-4000	1	93					1	89	1	94			2	91
4001-4500	1	93	1	94			1❷	28	1	96			4	77
4501-5000													1	96
5001-5500			1	93									1	93
5501-6000			1	94			1	96	1	93			1	94
6001-6500			1	96			1	94					3	95
6501-7000			1	93									2	94
7001-7500			3	95					2	95			3	95
7501-8000													2	95
8001-8500														
8501-9000							1	97	1	95			2	96
9001-9500														
9501-10000							2❸	53					2	53

註：❶利比亞　❷沙烏地阿拉伯　❸科威特及卡達　❹加彭

　　時代雜誌原把世界各國依不同經濟制度分爲五類，筆者援用原列之名詞：卽是資本主義國家，包括北美之美、加，中美之巴拿馬、宏都拉斯、瓜地馬拉、海地等，南美之阿根廷、巴拉圭、智利等地，歐洲之西、葡、瑞士、希臘等，亞洲之中華民國、日、韓、泰、菲、澳大利亞、紐西蘭等及中東之黎巴嫩、約旦等共廿四國；混合型經濟國家有中南美之墨西哥、多明尼加、哥倫比亞、秘魯、巴西等，亞洲之伊朗、沙烏地阿拉伯、印度、巴基斯坦、孟加拉、尼泊爾、斯里蘭卡、新加坡、印尼、馬來西亞等，非洲之坦尙尼亞、多哥、查德、蘇丹、突尼西亞、尼日、烏干達、肯亞、加納等，中東之科威特、卡達等，以及歐洲之法、義、土、瑞典等四十八個國家；三爲社會民主制度，這類國家包括了歐洲之英、德、荷、比、挪威、丹麥、芬蘭，中美之哥斯大黎加、委內瑞拉、牙買加及非洲之中非、喀麥隆等十五個國家；共產國家，包括蘇俄、匈牙利、捷克、南斯拉夫、羅馬尼亞、保加利亞、阿爾巴尼亞、東德及中共、外蒙、寮國、高棉、北韓及古巴等十五國；第三世界社會主義國家，包括埃及、利比亞、阿爾及利亞、剛果、安哥拉、馬利、尙比亞、索馬利亞及中東之伊拉克、敍利亞及南葉門等廿二國；爲了更清晰起見，筆者把原列爲資本主義國家中的非洲分出來，增列爲第三世界資本主義國家，包括非洲之羅德西亞、馬拉威、史瓦濟蘭、甘比亞、利比亞、象牙海岸、加彭、及賴索托共八國。

　　中華民國列爲資本主義國家，當時之平均生產毛額爲一〇七〇美元，實質生活品質指數爲八十六個百分點。中國大陸列爲共產主義國家，平均生產毛額爲四一〇美元，實質生活品質指數爲五十七點。就不同經濟制度之國家比較來說，共產主義國家之中，實質生活品質指數最高者爲蘇俄，也只有九十三點。除亞非之第三世界諸國外，其他經濟制度之國家,實質生活品質指標達到九十五點至九十七點。而平均生產毛額也都更高。不過就全部一百卅二個國家來看,大致可以說:平均生產毛額增高,實質生活品質指數亦隨之增高。表示國民生活素質隨所得之增加,而快速增加。雖然也有人以為,平均生產毛額達一定階段後(有人以為在一千至一千五美元,又有人以為在二千七至五千美元之間),生活素質不但不能隨生產毛額增高,反而會有降低的趨勢。從表 4-2 所列之材料還看不出有這種傾向。不過有些產油國家,由於經濟快速成長,而社會發展方面却無法與之配合,所以實質生活品質指標仍是相當低。從這裡也可知道,經濟成長,所得水準提高,並不是國家經濟建設的最終目標,如何從事社會、文化及精神方面之建設,提高生活素質,達到富強和樂才是必要之圖。

三、綜合性的國家發展指標之編製

由於時代週刊刊載了世界各國三種不同的指數。一為平均生產毛額,二為實質生活品質指數,三為政治自由指數。筆者應用這些材料,對於不同經濟制度的一百卅二個國家,作進一步的比較分析。筆者以平均國民生產毛額作為經濟發展的指標,實質生活品質指數作為社會發展指標,政治自由指標作為政治方面的指標,進而嘗試編製一種綜合性指標,以便比較並作進一步分析。由於這三種材料之編製機構不同,來源不同,效度及信度無法得知,這是利用第二手材料不得已的苦衷。實質生活品質指標是美國海外發展協會所編,指標介於一到一百之間。包含了三個項目,將其平均後,作為總指標,一是識字率,二是嬰兒死亡率,三是預期壽命,如上節所介紹者。政治自由指標是紐約的 Freedom House 的材料,指標是由零到一百。不過我們揣知，其中是以八作爲基數，由八的零倍到十二倍，分別再加四、加三、加二、加一或者不加任何常數，這樣分爲五等十三級，每級的分數相差八分或九分不等。

政治指標的等級及一百卅二國的分佈情形如下：

政治自由分數:	0	8	17	25	33	42	50	58	67	75	83	92	100
國 家 數:	19	15	12	16	18	7	5	2	3	5	10	3	17

平均國民生產毛額原爲美金數額，分析時，卽以原數額進行，不過爲了便於比較起見，我們也曾把這個經濟指標化爲百分位數，從零到一百。這種種作法有時頗感牽強，不過用來作比較時，却更簡便，容易瞭解。

首先，先對世界六種不同經濟制度的國家，就三種指標分別在數量上加以比較。在經濟發展方面，以生產毛額高低作爲指標，何種經濟制度的均值較高？何種較低？在政治方面，就政治的指標爲準，何種經濟制度的均值較高？何種較低？這些問題的答案，請見下表：表中數字說明不同經濟制度國家的三種指標之均值，括號中爲標準差。

	國家數	經濟發展（每人平均國民生產毛額）百分位數	社會發展（實質生活品質指標）	政治發展（政治指標）	三者合計
(1)資本主義國家	24	64(24)	76(18)	55(33)	65(23)
(2)資本主義(第三世界)	8	36(22)	32(9)	33(23)	34(8)
(3)混合型經濟	48	44(30)	49(26)	44(29)	46(24)
(4)社會民主經濟	15	78(26)	80(25)	83(30)	80(26)
(5)社會主義(第三世界)	22	28(22)	30(17)	13(18)	24(15)
(6)共產國家	15	57(26)	77(23)	8(10)	48(18)
(7)全部國家	132	49(30)	56(28)	41(34)	49(23)

就表中各欄之均值觀察，以社會民主經濟制度的十五個國家，各項均值皆佔第一位，資本主義及共產主義經濟制度諸國分別佔第二位、第三位，混合型經濟及資本主義第三世界諸國次之，社會主義（第三世界）諸國則在最末位。不過要特別重視的事是，共產經濟的十五個國家在經濟及社會發展方面，均值雖然不低，但是政治方面的指標，均值低於所有的國家。雖然生產毛額高，實質生活品質不差，但是失去了政治權利，這是值得令人特別警惕的事。

筆者曾就表中材料進行二因子變異數分析，不同指標之均值無統計顯著性差異，但不同經濟制度國家之間，F＝6.71，自由度分別為5及10，在百分之一顯著水準上，其均值有顯著差異。

以上係以不同經濟制度的國家，就三種指標之均值單獨比較。如果再進一步，每兩種指標互相配合起來，依不同的經濟制度，比較其分佈情形，也會有更深一層的瞭解。根據不同指標的累積百分比，就不同的經濟制度作下面兩件事，一是繪製羅倫斯曲線圖，二是計算集中比率（Concentration Ratio）。 不同經濟制度國家的集中比率列表如下：

	平均每人生產毛額 與實質生活品質	實質生活指標 與政治指標	每人生產毛額 與政治指標
⑴資本主義國家	.30	.32	.19
⑵資本主義(第三世界)	.06	.11	.16
⑶混合型經濟	.12	.12	.01
⑷社會民主經濟	.10	.32	.16
⑸社會主義(第三世界)	.19	.64	.48
⑹共產國家	.57	.97	.80
⑺全部國家	.09	.28	.21

羅倫斯曲線圖中有一條對角線，稱均等分佈線，另外之弧線稱為不均等分佈線，直線與弧線之間所包括之面積大小，可以觀察到兩個變項分佈不均等的程度，以集中比率表示之。如果不均等分佈線與均等分佈線重疊，則表示兩個變項之分佈均等，集中比率為零。如果弧線愈遠離對角線，包括之面積愈大，則集中比率之值也愈大，表示兩個變項分佈愈不均等。現在就不同經濟制度之集中比率，請比較資本主義國家及共產國家三種指標之分佈及集中比率之大小，便可得知三種指標之間的分佈均等的程度。在共產國家實質生活指標之集中比率為百分之九十七，表示了極度的不均分佈，這也是值得令人注意的事。

　　為了瞭解不同國家發展的程度或者落後的程度，筆者就個別的國家的三種指標再用另一種方法進行比較。現在用平均國民生產毛額的指標作為X軸，實質生活品質指標作為Y軸，政治指標作Z軸，形成了一個正方體，如圖 4-1，每條軸的尺度都是從零到一百，然後依每個國家的三種指標，分別在這個正立方體中，標出每個國家位置。例如：美國在X軸上係一百，Y軸上係九十四，Z軸上係一百，她的位置在圖中的右上方，馬利的位置則分別為四，十四，及零，在圖中的左下方。如果，三種指標之材料不缺，任何國家都可在圖中定位，指出一點，作為與別的國家比較的相對位置。位於圖中上右方位置的國家，屬於經濟、社會及政治都發展的國家；位於圖中左下方位置的國家，則是屬於經濟、社會、政治皆落後的國家。又如蘇俄，其經濟指標約八十，社會指標約九十一，但政治指標僅僅是八，三個指標參差不齊，不易比較。所以，不同國家在這樣一個空間的位置不同，在不同的量度上，都有參差不齊的情形，進行比較時，容或有其困難之處。現假定從圖中的右上角到左下角，在概念上扯起一條直線，把這些國家的定點都懸掛在這條直線上，這樣對不同的國家加以比較，就容易多了。

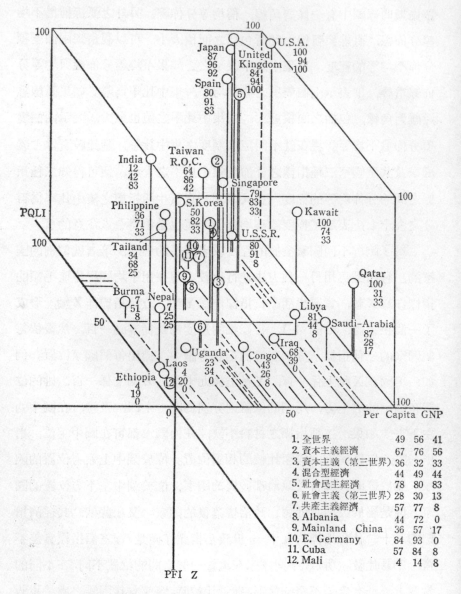

圖 4-1 經濟與社會發展不同國家的比較
摘自席汝楫，1979：238。

表 4-3　廿二個國家之 D 值

	(1)	(2)	(3)	(4)	(5)	(6)	(7)	(8)	(9)	(10)	(11)	(12)	(13)	(14)	(15)	(16)	(17)	(18)	(19)	(20)	(21)	(22)
1.西德	0	3	1	1	0	16	16	28	69	65	84	89	94	95	101	102	103	103	111	137	139	161
2.荷蘭	3	0	2	2	3	16	15	30	69	66	85	89	94	96	101	102	104	104	112	138	140	161
3.美國	1	2	0	0	1	16	15	29	69	65	84	89	94	95	101	102	103	103	111	138	140	160
4.法國	1	2	0	0	1	16	15	29	69	65	84	89	94	95	101	102	103	103	111	138	140	160
5.澳洲	0	3	1	1	0	16	16	28	69	65	84	89	94	95	101	102	103	103	111	137	139	160
6.英國	16	16	16	16	16	0	9	18	62	58	76	85	92	86	100	96	90	94	103	128	132	151
7.日本	16	15	15	15	16	9	0	20	56	53	71	78	84	82	92	90	92	90	99	134	128	144
8.委內瑞拉	28	30	29	29	28	18	20	0	52	44	65	76	85	72	93	86	75	80	88	113	116	134
9.中華民國	69	69	69	69	69	62	56	52	0	15	17	26	38	33	47	35	79	39	47	75	78	103
10.墨西哥	65	66	65	65	65	58	53	44	15	0	24	35	48	33	47	44	68	39	46	74	76	98
11.韓國	84	85	84	84	84	76	71	65	17	24	0	25	40	18	49	26	74	23	33	59	64	89
12.阿根廷	89	89	89	89	89	85	78	76	26	35	25	0	15	39	24	15	97	40	43	71	71	98
13.蘇俄	94	94	94	94	94	92	84	85	38	48	40	15	0	54	9	24	117	54	56	83	81	108
14.菲律賓	95	96	95	95	95	86	82	72	33	33	18	39	54	0	62	35	62	59	21	43	51	173
15.東德	101	101	101	101	101	100	92	93	47	47	49	24	9	62	0	30	121	61	62	88	85	112
16.古巴	102	102	102	102	102	96	90	86	35	44	26	15	24	35	30	0	97	33	35	60	61	88
17.印度	103	104	103	103	103	90	92	75	79	68	74	97	117	62	121	97	0	67	72	76	80	88
18.泰國	103	104	103	103	103	94	90	80	39	39	23	40	54	59	61	33	67	0	14	36	44	67
19.中國大陸	111	112	111	111	111	103	99	88	47	46	33	43	56	21	62	35	72	14	0	31	31	56
20.緬甸	137	138	138	138	137	128	134	113	75	74	59	71	83	43	88	60	76	36	31	0	25	28
21.烏干達	139	140	140	140	139	132	128	116	78	76	64	71	81	51	85	61	80	44	31	25	0	28
22.馬利	161	161	160	160	160	151	144	134	103	98	89	98	108	73	112	88	88	67	56	28	28	0

摘自席汝楫，1979：240。

這件事，先從計算兩個國家之間的直線距離作起。計算公式是：

$$D_{ij} = \sqrt{\sum d_{ij}^2} = \sqrt{(x_i - x_j)^2 + (y_i - y_j)^2 + (z_i - z_j)^2}$$

先就六種不同經濟制度的國家各視爲一體，計算彼此間的距離（D值），計算結果列表於下：

	(1)	(2)	(3)	(4)	(5)	(6)
(1)資本主義國家	0	31	35	48	56	72
(2)社會民主國家	31	0	60	78	81	100
(3)混合型國家	35	60	0	47	22	40
(4)共產國家	48	78	47	0	55	55
(5)資本主義(第三世界)	56	81	22	55	0	22
(6)社會主義(第三世界)	72	100	40	55	22	0

就數據來看，表示D值愈接近者，在經濟、社會及政治方面之發展程度也相近。所以就發展的程度來看，高者爲資本主義及社會民主國家，最低者爲第三世界資本主義及社會主義國家。介於二者之中者爲混合型國家及共產國家。另外，也曾選擇了廿二個國家，分別計算D值，用以比較不同國家之發展程度。各國之D值請見表 4-3。從表中所列之數字，可知國與國間D值之差別愈小者，發展程度也愈接近。D值之差別愈大，則發展之程度也大有差別。在概念上，我們可把發展較高的國家，諸如西德、美、荷、法、澳諸國，首先排列在直線的上端，其餘各國視其D值之大小，依次排列，直線之低端卽爲馬利諸國。而韓國與阿根廷等國約居於直線之中點處。其次蘇俄、東德、古巴與印度、泰國、菲律賓的發展程度相差不多。

如果把一百卅二個國家的D值都計算出來，再用因子分析法加以處理，所得結果，想來當能與原來之分類大致相似，與上述各項比較結果，也可加以印證。

　　筆者再以馬利（三種指標之值皆爲最低者）爲準，分別計算與其他一百卅二個國家之 D_1 值，分別以 X,Y,Z 代表平均生產毛額之百分點，實質生活品質指標及政治自由指標，根據 D_1 值之大小，依次先後排列，再定其等第，D_1 值最大者排第一位，D_1 值相等者則其等第列爲相等，其餘依 D_1 值之大小，等而下之，由第一列到第一百卅二。這樣依次排列，瑞典第一，最末爲馬利。我國與馬利之 D_1 值爲一百零三，與保加利亞、卡達在一百卅二個國家中同列爲第卅七位。蘇俄爲第三十一位，中國大陸列於第八十位。寮國躕乎其後，爲一百廿九。

　　如果以 X,Y, 及 Z 之最高值一百爲標準，計算之 D_2 值爲一百七十三。又以各個國家三種指標（各以零點爲基準）平方和之平方根（ $\sqrt{(o-x_i)^2+(o-y_i)^2+(o-z_i)^2}=D$ ）作爲三種指標之綜合指標。以一百七十三最高值作爲一百時，分別計算各國之百分點，定名爲綜合性國家發展指標。這種指標進行國際之間的比較也頗方便。例如，瑞典爲九十九，西德爲九十八，美國爲九十八，日本爲九十二，東德七十二，蘇俄七十，新加坡六十九，中華民國六十六，中國大陸四十，印尼卅六，北韓廿三，阿富汗十四，查德十二，馬利最低爲八。（席汝楫，1981:92-96）。
這種指標包含了經濟方面的平均生產毛額，社會方面的實質生活品質指標，以及政治自由方面的指標，計算方法亦稱簡便。不過政治自由的指標頗感主觀，由誰來判定，亦是一個問題。

四、經濟發展、社會發展與政治自由 孰先孰後？

以上所作的分析，是用經濟、社會及政治的三種指標編爲綜合性國家發展指標來衡量不同經濟制度的國家之發展的程度。發展程度高者爲資本主義國家及社會民主經濟國家，再次爲混合型經濟國家，最後者大多爲非洲諸國，共產國家則僅較非洲國家稍優。但在政治方面，反而比非洲諸國更爲落後。

如把平均國民生產毛額作爲橫座標，國家發展指標作爲縱座標。把一百卅二個國家的材料分別劃入圖中，由圖中看出多數的國家，集中在國民生產毛額美金一千元以下，與國家發展指標的十與六十百分點之間。其餘的國家則分散範圍較廣（請見圖 4-2）。有的學者認爲：政府的形式及經濟發展的快慢，並沒有顯著關聯。專制極權的國家及民主國家，在經濟發展的速度上都有快速及遲緩的情形。不過從圖上觀察，平均國民生產毛額較高的國家皆爲政治民主的資本主義國家。實行集權政治的共產主義國家，在平均國民生產毛額上落後甚多。所以，政府的形式與經濟發展的快慢不能說全無關聯。

筆者以瑞典、西德、日本、西班牙、葡萄牙、中華民國、泰國、埃及、多哥作爲民主國家樣本，另以東德、蘇俄、波蘭、外蒙、中國大陸、古巴、寮國、阿爾巴尼亞、高棉作共產國家樣本，分別以 x 爲平均國民生產毛額，y 爲發展指標計算曲線迴歸方程式如下：

民主國家：$y = 48.54 + 0.14x - 0.001x^2$

共產國家：$y = 26.21 + 0.31x - 0.0006x^2$

並分別再作出曲線，如圖（民主國家 $R^2 = 0.926$，而共產國家 $R^2 = 0.626$）。

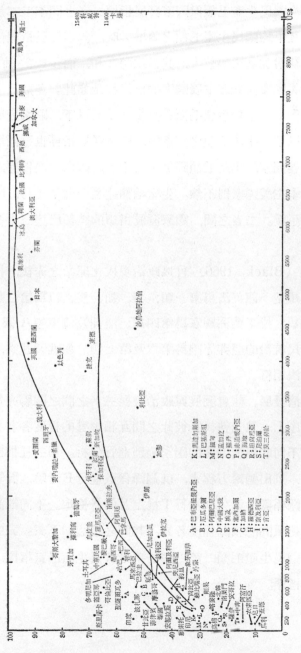

圖 4-2 平均國民生產毛額與國家發展指標

可知平均國民生產毛額與國家發展指標二者之間不但不是等比例的變動，而且平均國民生產毛額之值增大時，國家發展指標依照報酬遞減律，起初增加之數額較大，其後趨勢緩和，而後與橫軸漸趨平行。資本主義國家與共產主義國家的情形都是如此。多數經濟發展落後的地區，例如，平均生產毛額在美金一千元以下，國家發展指標也多數在六十以下。生產毛額之值愈增，國家發展指標也逐漸增高，不過在共產主義國家，生產毛額到美金三千元，國家發展指標之增加卽趨平緩。資本主義國家則不然。生產毛額達美金五千元時，國家發展指標才趨向平緩。二者之間，國家發展指標的差額已達三十多個百分點。

布萊克 （Black, 1966） 曾以政治現代化開始之先後，把世界諸國分爲七種類型，卽英法爲第一類；美、加、澳、紐爲第二類；歐洲各國爲第三類；拉丁美洲國家爲第四類；亞洲及遠東等八國爲第五類；經過殖民統治的亞非等國爲第六及第七類，如就圖觀察，大致與布萊克之說法相符。

不過經濟發展、社會發展與政治發展三者之間之關聯究竟如何？在時間的順序上，孰先孰後？彼此之間互相影響的程度各有多大？筆者曾依六種不同的經濟制度的國家分別進行分析。用三種指標，畫出迴歸直線圖，列出迴歸方程式，就迴歸係數進行F考驗，計算相關係數，及偏相關係數，並分別進行T檢定及偏F檢定。不同經濟制度的國家，三個變項間的相關程度各異。其間之相關如下表。表中第一個變項是平均國民生產毛額，第二個變項是實質生活品質指標，第三個變項是政治指標。

	n	r_{12}	$r_{12.3}$	r_{13}	$r_{13.2}$	r_{23}	$r_{23.1}$
(1)資本主義	24	.691**	.515*	.88**	.731**	.540**	-.061
(2)資本主義(第三世界)	8	.051	-.064	-.352	-.354	-.024	-.007
(3)混合型經濟	48	.435**	.367*	.258	-.062	.686**	.660**
(4)社會民主經濟	15	.691**	.336	.647**	-.115	.967**	.943**
(5)社會主義(第三世界)	22	.348	.436*	.021	.667**	.642**	.282
(6)共產主義	15	.764**	.749**	.231	-.047	.340	.260
(7)全部國家	132	.547**	.549**	.398**	.396**	.129	-.119

(*P<.05, **P<.01)

根據上列各項數據，再進行跋蹊分析（**Path Analysis**）。這是要在上列三個變項之中作因果關係的分析。所根據的是迴歸分析。再確定變項之間合理的因果順序，並以數學模型表示之。

假定上述三個變項之因果模型如下：

在這個模型中，各項期望值是依下式計算：

$$r_{31} = P_{31} + P_{32}r_{12}$$

$$r_{32} = P_{32} + P_{31}r_{12}$$

$$r_{12} = 觀察值$$

$$r_{33} = 1 = P_{31}r_{31} + P_{32}r_{32} + P_{23e}$$

根據以上模型，除資本主義（第三世界）因其間相關皆不顯著，未進行分析外，對其餘的不同經濟制度進行了六次分析工作。計算結果如下：

	(1)國民生產毛額對 (3)政治指標之影響	(2)實質生活品質指標對 (3)政治指標之影響	未知因素之影響
(1)資本主義國家	.70	-.03	.33
(3)混合型經濟	-.01	.48	.53
(4)社會民主經濟	-.02	.96	.06
(5)社會主義(第三世界)	.00	.46	.54
(6)共產國家	-.02	.13	.88
(7)全部國家	.06	.32	.62

　　結果大致與原設之模型一致。平均生產毛額與實質生活品質彼此互相影響，然後從實質生活品質這一方面再影響到政治指標。實行社會民主經濟制度的國家尤其如此。只不過資本主義國家與此模型略有不同，國民生產毛額直接影響到政治指標。何以如此，需進一步研究。

五、結　語

　　本文首先說明實質生活品質指數之計算方法：以識字率、嬰兒死亡率及預期壽年三種量表值之平均數表示之，這是表示社會福祉較有效的指標。平均國民生產毛額則表示經濟方面的成就。政治自由指標則表示各國對政治權利之重視。

　　筆者以臺灣地區近卅年之資料，計算歷年之實質生活品質指數，因為係採取兩種標準，所以有兩種高低不同的數值，如果有了各國的社會指標的數值，即可就國際之間進行歷年以來的比較研究。

　　筆者又用國民生產毛額，實質生活品質指數及政治自由指標，先以國際上最低之數據（利馬的三種指標）為標準，比較各國之間的發展差距。再進而以零點作為標準，計算各國之綜合性發展指標，稱之為國家發展指標。此一綜合指標，計算容易，簡明易懂，應用起來也甚便利。所以，值得採用。

不過，本文所作之比較是以一九七六年的材料進行靜態的比較。如能用不同年份的材料，進行動態的比較，則各種指標的應用就更格外有其意義。這也是目前社會學家研究社會變遷的重要方法之一。如以平均生產毛額為例，以一九七〇到一九七七年間，各國增加的比率不同，增加三倍以上的國家有七個，都是產油國家。次為我國二點五七倍，西班牙二點五六倍，日本二點四倍，韓國二點二倍。多數的國家增加率在二倍以下，約有六十餘國。美國為點八六，印度為點三六，都不到一倍。如能配合社會指標，進行動態的比較，就全世界觀察，何種經濟制度變動最烈，這件工作是更有重要意義的事。

再者，社會指標的編製方法與包含的內容也需進一步的注意，社會指標不但衡量社會發展的程度，更要表示出生活的品質。個人幸福與社會正義二者兼顧，或有取捨？另外環境品質是否也應考慮在內，經濟指標固然重要，社會指標同樣重要。如何編製社會指標仍待大家共同努力。

五 臺灣地區的生活環境

一、引　言

　　在社會經濟發展的過程中，臺灣地區區域之間的不均衡發展，早已受到大家的重視。目前政府決策者及施政者，正採取適當的措施，採行均衡發展政策，調和區域發展，矯正偏頗現象。這正是十分可喜的事情。

　　根據報導，目前臺灣地區以北部區域的經濟發展速度最快，南部地區次之，中部及東部區域的發展相形之下，就較爲落後。這種論點與事實想來符合。不過，在制定均衡發展政策之際，似宜用數量化的方法，指出目前臺灣地區社會經濟發展的差距，說明其間的偏頗程度。對於制定政策提供更堅實的依據。

二、研究目的

　　本文的主要目的，是應用統計的方法，根據已有的各項社會指標統計資料，就臺灣地區二十一個行政地區，找出一些綜合性的多向度的指數 (Multi-dimensional Indexes)，指陳各地社會經濟發展的情狀。再依指數，以其高低訂出等次，分別歸類，用爲制定社會發展政策之參考。作者採用了各項社會指標統計，包括經濟的、社會的及文化與心理的，故不限於社會經濟方面。而且材料也是以民國七十年的爲主，還未能兼顧到時間序列的材料，也就不能涉及發展速度這個層面。本文如用社會經濟發展這個名詞，頗有未當。所以作者改用生活環境一詞，似較確切。

本文的第一個目的，是應用各縣市的社會經濟指標統計，求得各縣市之間生活環境的差距，用定量的數字加以比較。

第二個目的，是應用客觀的社會經濟指標，計算各縣市的綜合性生活環境指標，再化爲指數，比較縣市間的生活環境的等第順序。

第二個目的，是應用客觀的社會經濟指標，計算各縣市的綜合性生活環境指標，再化爲指數，比較縣市間的生活環境的等第順序。

第三個目的，是應用主觀的社會經濟指標，指出各縣市居民對生活環境最滿意的程度，製成綜合性指標，再化爲指數，比較各縣市居民對當地生活環境滿意的程度。依指數高低，可以判斷居民對該區的生活環境滿意程度的高下。

第四個目的，客觀的指標，表示社會經濟發展的情況，也顯示生活環境的品質。主觀的指標是當地居民對當地生活環境的評估。客觀的指標與主觀的指標二者之間的關聯性有多高。是否生活環境品質好的縣市，居民對當地的生活環境評價也高？這也是一個很有趣味的問題。

三、材料與方法

美國心理學家馬斯洛（Abraham Maslow）等人，倡導自我實現論（Self-actualization Theory），認爲人類本身有追求成長與自我實現的本能。幷提出動機的層次（Hierarchy of Motives）一說。他們認爲人類除有基本的生物性需求外，還有更複雜的社會及心理需求。只有基本需要獲得滿足後，才進而升到更複雜的社會性的及心理性的需求。人類除追求生理的維護與安全外，更要追求一種超過對他人的需求之外的自我實現與成長。不過，除非較低層次的需求得到滿足，否則較高層次的慾望不會發生。而且，低層次的需求得到滿足之後，不會停留在那個層次，隨卽追求更高層次需求的滿足。這種理論自有其缺點，不過對人類的生活却提供了一個指導性的看法，對人性重建了道德上的樂觀主義，對人類的發展也指出了富有積極性的觀點。

作者選取社會指標項目，除依馬斯洛的觀點作爲標準外，幷參照有關文獻，作爲根據。人類需求的種類及社會經濟指標（包括客觀的及主觀的）如下：

人類需求 分類項目	社會經濟指標	
	客觀指標	主觀指標
I 維持生計的需求		
1. 生理需求 （食、住、 生育、休閒 等之滿足） ——收入	1. 每月每戶平均收入	1. 對待遇(或利潤)滿意的程度
——住宅	2. 每居住單位居住人數	2. 對住宅滿意的程度
——工作	3. 勞動力參與率	3. 對工作滿意程度
	4. 失業率	4. 對工作志趣滿意程度
——保健衛生	5. 粗死亡率	5. 對健康狀況之滿意程度
	6. 每萬人口中之醫生數	6. 對醫療人員之信賴程度
——休閒娛樂	7. 每千人口影院座位數	7. 對休閒時間長短滿意程度
2. 安全需求 ——安全與保	8. 每百萬人口中意外	8. 對工作保障（或穩定

（免於遭受	障	災害死亡數	性）滿意程度
危害）			

Ⅱ社會需求

1. 歸屬需求	——愛與被愛	9. 離婚率	9. 與鄰居相處滿意程度
2. 尊嚴需求	——尊重與平等	10. 就業人口中大專以上者之比率	10. 對人際關係的滿意程度

Ⅲ成長需求

認知、探求、自我實現的需求	——自由	11. 上屆縣市議員選舉投票率	11. 表示遷徙之意願者
	——接受教育	12. 十五歲以上人口不識字率	12. 主張對女孩只接受國中教育者之比率

　　臺灣地區各縣市社會經濟各項統計材料即爲客觀之社會指標，計爲十二項，列爲表 5-1（見第97頁）。與社會經濟指標統計相對應的，也有十二項主觀指標，列爲表 5-2（見第 99 頁）。資料皆由行政院主計處或內政部及臺灣省政府所發表之各項統計報告中取得。客觀指標係來自行政院主計處編印之中華民國七十年社會指標統計；主觀指標則係抄錄自臺灣地區國民對家庭生活與社會環境意向調查報告。各縣市之每戶平均收入係分別抄自七十年省市編印之家庭收支調查報告。離婚率抄自中華民國七十年統計提要。每居住單位居住人口數及第九屆縣市議員投票率抄自七十年內政部統計提要等報告。因限於篇幅，未能一一註明出處。

　　本文所用之分析方法是約在一九五〇年代早期由波蘭之數學家們所提出；一九六七年提請國際文散組織採用，進行研究社會發展，作爲國際間比較之用。到一九七〇年代，許多人用來作爲評估現代化及社會發展的定量分析的主要方法（Arief: 266-267）。目前則又有複變項分析及多向度量標法 （Multi-dimensional Scaling），分析方法更見精密。本文之分析方法，除採用此法外（Arief: 260-265），也應用毛瑞思（Morris: 1976）應用來計算實質生活素質指數 （PQLI） 的

公式 (Morris: 147-171)，來替代原來進行標準化所用之公式，結果發現相當確當，值得採用。

筆者就臺灣地區二十一個縣市行政單位，分別指定爲 $1, 2, \cdots\cdots,$ N個行政單位，各項社會經濟指標則分別標明爲 $1, 2, \cdots\cdots, m$，形成下列矩陣：

$$\text{Matrix 1}$$

$$\begin{pmatrix} \alpha_{11} & \alpha_{12} & \cdots & \alpha_{1m} \\ \alpha_{21} & \alpha_{22} & \cdots & \alpha_{2m} \\ & & \cdots & \\ \vdots & \vdots & \cdots & \\ & & \cdots & \\ \alpha_{N1} & \alpha_{N2} & \cdots & \alpha_{Nm} \end{pmatrix}$$

在此m個向度的矩陣中，每一行政單位卽是一個向量。由於每一項指標的單位並不相同，所以用下列公式，予以標準化：

$$\frac{\alpha j - \bar{\alpha} j}{\beta j} \quad j = 1 \text{、} 2 \text{、} \cdots, m \text{、} \qquad \text{公式(1)}$$

$$\bar{\alpha}_j = \frac{\sum\limits_{i=1}^{N} \alpha ij}{N} \qquad \text{公式(2)}$$

$$\beta j = \left(\sum_{i=1}^{N} (\alpha ij - \bar{\alpha} j)^2 \right)^{1/2} \qquad \text{公式(3)}$$

經過標準化後之矩陣如下：

$$\text{Matrix 2}$$

$$\begin{pmatrix} \lambda_{11} & \lambda_{12} & \cdots & \lambda_{1m} \\ \lambda_{21} & \lambda_{22} & \cdots & \lambda_{2m} \\ & & \cdots & \\ \vdots & \vdots & \cdots & \vdots \\ & & \cdots & \\ \lambda_{N1} & \lambda_{N2} & \cdots & \lambda_{Nm} \end{pmatrix}$$

根據標準化後之矩陣，再計算每一地區（行政單位）各項指標（m個）對其他地區之各項指標的差距（或距離），計算結果形成下列矩陣：

$$\text{Matrix 3}$$

$$\begin{pmatrix} \lambda_{11}-\lambda_{21} & \lambda_{12}-\lambda_{22} & \cdots & \lambda_{1m}-\lambda_{2m} \\ \lambda_{11}-\lambda_{31} & \lambda_{12}-\lambda_{32} & \cdots & \lambda_{1m}-\lambda_{2m} \\ \vdots & \vdots & \vdots & \vdots \\ \lambda_{(N-1)}-\lambda_{N1} & \lambda_{(N-1)2}-\lambda_{N2} & \cdots & \lambda_{(N-1)m}-\lambda_{Nm} \end{pmatrix}$$

任一組 m 項指標中，a 點與 b 點間之差距，由下列公式計算得之：

$$\pi ab = \left[\sum_{k=1}^{m} (\lambda ak - \lambda bk)^2 \right]^{1/2} \qquad \text{公式}(4)$$

計算所得之 II ab，列為下列對稱的矩陣，稱之謂差距矩陣：

$$\text{Matrix 4}$$

$$II = \begin{pmatrix} 0 & \pi_{12} & \cdots & \pi_{1N} \\ \pi_{21} & 0 & \cdots & \pi_{2N} \\ & & \cdots & \\ \vdots & \vdots & \cdots & \vdots \\ & & \cdots & \\ \pi_{1N} & \pi_{2N} & \cdots & 0 \end{pmatrix}$$

此表示某一地區，依所有的各項指標而言，對其他別的地區，分別形成綜合性的差距。這是用數學方法表現出來的相對性的距離，就不同地區，分別加以相互比較之用。

下一步驟，就所有的各項指標求得一個綜合性指標。其意係指：某一地區各項指標與座標零點相距之距離，以 II io 表示之，其公式為：

綜合指標：

$$\pi_{io} = \left[\sum_{k=1}^{m} (\lambda_{ik} - \lambda_{ok})^2 \right]^{1/2}, \quad i = 1 \cdot 2 \cdot \cdots \cdot N. \qquad \text{公式}(5)$$

爲便於比較，將 Πio 加以標準化，形成一指數，其值介於 0 與 1 之間。

綜合指標之指數：

$$\lambda \overset{*}{i} = \frac{\pi io}{\pi o} \qquad\qquad 公式(6)$$

$$\pi o = \bar{\pi} io + 2\beta io \qquad\qquad 公式(7)$$

$$\bar{\pi} io = \frac{\overset{N}{\underset{i=1}{\sum}} \pi io}{N} \qquad\qquad 公式(8)$$

$$\beta io = \left(\overset{N}{\underset{i=1}{\sum}} (\pi io - \bar{\pi} io)^2 \right)^{1/2} \qquad\qquad 公式(9)$$

毛瑞思的實質生活素質指數的公式有二。如以各縣市之每戶平均收入爲例，收入愈高則社會經濟發展愈高，則用下式：

$$X_J = \frac{x_j - x_k}{x_i - x_k} \times 100 \qquad\qquad 公式(10)$$

X_J—該縣市之指標數值

x_j—該縣市之平均收入

x_k—平均收入最低縣市之平均收入

x_i—平均收入最高縣市之平均收入

又如以粗死亡率爲例。粗死亡率愈低，則社會經濟發展愈高。這種情形則用下式：

$$Y_J = \frac{y_j - y_i}{y_k - y_i} \times 100 \qquad\qquad 公式(11)$$

Y_J—該縣市之指標數值

y_j—該縣市之粗死亡率

y_k—死亡率最低縣市之粗死亡率

y_i—死亡率最高縣市之粗死亡率

四、結　果

臺灣地區各縣市社會經濟發展情況，顯示了各地區的生活環境。大家都知道，各地區不均衡發展已經相當明顯，居民生活環境亦有偏頗，但是其間之差距究竟有多大？

作者依據十二項社會經濟指標分析，在民國七十年各縣市社會經濟情況的相對差距，如表 5-3（第101頁）所示。就表來看，如以臺北市爲例，與其他縣市的生活環境的差距，臺中市、高雄市、臺北縣三地約爲四個點，臺南市爲五個點，基隆市、桃園縣、新竹縣及宜蘭縣約爲六個點，其餘的十二縣市則高，約爲七個點。這些數字說明了臺北市與幾個大都市及其鄰近的臺北縣有四個單位的差距，與臺南市有五個單位的差距，與北部的幾個縣有六個單位的差距，與其他中、南、東部的十二個縣市則有七個單位的差距。其他縣市之間的差距也可比照計算。如果經過幾年以後，或者推行了某種方案，縣市間的差距有了改變，亦足可說明社會經濟方面的改進，以及實施某一方案的效果。

如果把各縣市依照一般分類，分爲北部區域、中部區域、南部區域及東部區域，分別就表 5-3 的資料計算得簡單算術平均值如下所列，亦可顯示出區域之間生活環境的差距。

	北部區域	中部區域	南部區域	東部區域
北部區域	0	3.73	3.53	4.28
中部區域	3.73	0	2.96	4.03
南部區域	3.53	2.96	0	3.91
東部區域	4.28	4.03	3.91	0

以上所列數字，只是各縣市之間的簡單算數平均，如果予以加權，可

能更有意義。不過僅就此項數字也可支持「北部發展較高，南部次之，中部再次之，東部則較為落後」一說了。

本文的第二及第三個目的，是計算各縣市生活環境及居民的滿意程度的綜合性指標，根據的材料仍是表 5-1 及表 5-2 所列者。第一次曾以公式(1)、公式(2)及公式(3)把 5-1 資料標準化之後，進行計算工作。可能是由於這個公式未能顧慮到指標所牽涉的方向問題，計算結果，殊難加以解釋和說明。第二次重新利用公式(10)及公式(11)，把表5-1與表 5-2 的資料分別進行標準化，結果請見表 5-4（第103頁）與表5-5（第104頁）。

這兩個表中，所列數字就每個項目而言，本身卽是一個可以比較的指標。不過有其缺點，卽是零點的出現，在解釋上頗令人疑慮。每一單項指標的數值介於一百與零之間。零值幷非絕對零值，而只是在這個量度的工具上所顯示的一個相對的刻度，就如溫度計上的零度一樣。在表5-4第(1)欄，澎湖縣的收入一項，幷非說澎湖縣的居民收入為零。只是在分析的過程中，在所應用的量度工具上，顯示出了一個這樣的數值。對於其他項目所顯示的零值，也可作如是解。

臺灣地區各縣市生活環境綜合指標請見表 5-6（第105頁）第(1)欄，經用公式(6)、公式(7)、公式(8)、公式(9)計算得生活環境指數（表 5-6第(2)欄）。臺北市的生活環境指數為百分之六十三，臺中市為百分之五十三，高雄市為百分之五十二，相當意外的是澎湖縣約近百分之五十。東部的臺東、花蓮在百分之三十八，三十七。其餘縣市則居於臺北市與花蓮縣之間。如依指數之高低排列（表 5-6第(3)欄），臺灣的大都市，臺北市、臺中市、高雄市分佔第一、第二、第三，澎湖縣意外地得第四，臺南市第五，基隆市則竟在二十名之列，較花蓮縣稍優，却落於臺東縣之後。

臺灣地區各縣市當地居民對生活環境滿意程度，也是根據表 5-2 的十二項指標統計，利用公式(10)及公式(11)進行標準化後，列成表5-5，前已敍及。以表 5-6 之各項社會指標進行計算，得生活環境滿意程度綜合指標，請見表 5-6 第(4)欄。再依公式(6)、公式(7)、公式(8)及公式(9)，求得生活環境滿意程度指數，見表 5-6 第(5)欄。就此項指數而言，臺中市爲百分之四十六，居第一位。澎湖縣爲百分之四十一，高居第二，這也是出於意料外的又一例。高雄縣、新竹縣及臺東縣分居於第五、第六、第七。臺北市則位居第十四。臺南市、宜蘭縣及臺南縣分居第十九、第二十及第二十一位。

前已述及，客觀的指標顯示了社會經濟狀況及生活環境的品質，而主觀的指標則是當地居民對當地生活環境的評估。如就表 5-4 客觀指標，表 5-5 主觀指標，(1)至(12)各欄，就個別的項目分別計算積差相關。第(1)至第(10)各欄之相關係皆未達百分之五的顯著水準。唯(12)欄之客觀指標與主觀指標相關係數爲 0.568，意卽在不同地區，十五歲以上人口中不識字者比率愈高，對家中女孩子受教育之期望至國中者之比率也高；教育程度低的人對女孩子不希望受更多的教育；接受教育是爲了滿足成長需求，自我實現的需求低者，也不希望別人滿足這一方面的需求。至於第(11)欄的相關係數爲 $-.580$，此卽證明投票率愈高之地區，未來一年內有遷徙意願者之比率愈低。投票率或許表示一種人際關係的參與程度；人際關係較密切，則遷離之意願不高。根據表 5-6 第(2)欄及同表第(5)欄的兩種指數，求得二者的積差相關係數爲 0.218，自由度爲 $21-2=19$，此一相關係數在百分之五的顯著水準下，并無統計的顯著性。而且相關係數的平方也只等於 0.05，主觀指標與客觀指標可以解釋的變異部份還不到百分之五。只就本文所涉及的材料來看，各縣市生活環境的品質與當地居民對生活環境的評價二

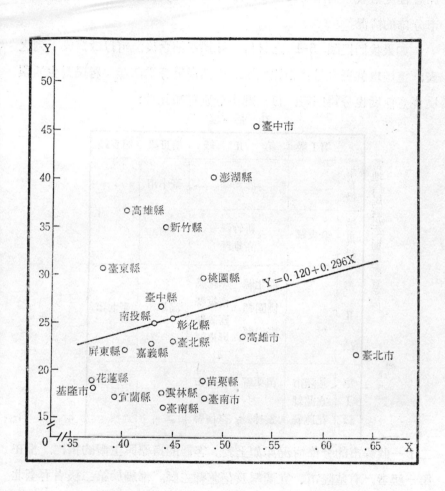

圖 5-1　臺灣地區各縣市生活環境滿意指數之相關

者之間尚難看出有相關存在。

　　爲了更容易觀察，特再將客觀生活環境指數及主觀對生活環境的滿意程度指數分別作爲X及Y，繪成圖 5-1。在圖中也可知道不同縣市分佈的情況。

　　如果我們把圖 5-1 之材料，經過濃縮之後，可以改寫成下列之表，這樣也就更容易互相比較了。生活環境分爲四級，居民對生活環境滿意程度也分爲四級，每一縣市分別歸類比較：

生 活 環 境

	第Ⅰ級	第　Ⅱ　級		第Ⅲ級	第Ⅳ級
第Ⅳ級		澎湖縣		臺中市	
第Ⅲ級	臺東縣	新竹縣 高雄縣			
第Ⅱ級		臺北縣 桃園縣 臺中縣	彰化縣 南投縣 嘉義縣 屏東縣	高雄市	臺北市
第Ⅰ級	基隆市 宜蘭縣 花蓮縣	苗栗縣 雲林縣	臺南市 臺南縣		

（左側縱向標題：當地居民對生活環境滿意程度）

二十一個縣市的分佈情況亦如上表。客觀的指標與主觀的指標，都在第一級者，有基隆市、宜蘭縣及花蓮縣三縣。都屬於第二級者有臺北縣、桃園縣、臺中縣、南投縣、彰化縣、嘉義縣、屏東縣等七縣。其餘縣市則參差不等。臺北市在客觀指標上是第四級，但在主觀指標上却是第二級。臺中市在客觀指標上是第三級，主觀指標爲第四級。澎湖縣及台臺縣在主觀指標上較高，筆者就本文的材料，還不能作答。

五、討論與結語

這個研究的結果，提供一些數據，說明了我們對臺灣地區社會經濟發展的差距。客觀的生活環境指標顯示各縣市生活環境的品質，而主觀的生活環境指標指陳各地居民對當地生活環境的評價。各縣市的指數高低，各有參差。應用相關分析的方法，主觀的指標與客觀的指標，其間亦無相關。

本文據以分析的各項指標，選取的標準大致依照馬斯洛之人類自我實現理論中的需求層次來定，計分十大類，十二個項目。在工作與保健衛生二類中，各選兩項指標，其餘則各為一項。這種取捨，完全由筆者主觀決定。如果再進行這類分析工作，指標取捨標準自宜更加審慎。

關於指標之正負方向亦由筆者自定。毛瑞思之公式，大致可以應用。指標統計所涉及的不同單位，利用標準化方法，亦可得到合理的轉化，而便於比較。令人更需注意的是每項指標的權數問題。本文是把十二項指標的權數同等看待。但是如何加權却是值得深一層考慮的事。

再者，關於主觀的對生活環境滿意程度，多數項目只用了最滿意者的百分率。如呆把滿意者部份與最滿意者部份合併起來進行分析，所得結果也可能顯示出與客觀指標的相關程度。還有，當地居民對當地的生活環境去作評估，可能過於主觀。如能就別的縣市一併評估，進行比較研究，可能有不同的結果。

還有各項指標統計的名詞如何定義，相當不易。例如勞動力參與率一詞，不同的人認定時，實有不同。都市化程度較高之處，勞動參與率偏低。南部及東部地區屬農業地區，勞動參與率則偏高。而此一詞僅為最明顯之一例。

最後一點是關於主觀的對生活環境滿意程度的指標。馬斯洛的理論是自我實現的理論，可否用來說明不同社區的社會經濟發展？以澎湖縣來說，客觀的方面，社會經濟發展除大都市外，較其他縣市都高，至少就本文的材料來觀察是這樣的。不僅如此，在主觀方面，澎湖縣的居民，不但對健康狀況非常滿意，對住宅狀況、對工作、對工作穩定性都非常滿意，對工作待遇（或利潤）也相當滿意。何以澎湖縣居民在好幾個項目上都感到非常滿意？以澎湖縣的情況與其他縣的情況相較而言，這個問題也是不容易解答的。

這個小小研究，支持了一些說法，也指出了一些事實。但是也引發出更多的問題，有待更進一步針對上列問題，繼續研究，尋求答案。

表 5-1　臺灣地區各縣市社會經濟統計

	經常性淨收入（每戶每月平均）（千元）(1)	每居住單位平均居住人數 (2)	勞動力參與率 %(3)	失業率 %(4)	粗死亡率 ‰(5)	每萬人口中醫事人員數 (6)
1. 臺北市	32	4.54	52.06	1.57	3.81	55.40
2. 基隆市	22	4.96	58.17	3.59	5.01	26.97
3. 臺北縣	25	5.20	53.81	1.41	3.81	19.76
4. 宜蘭縣	17	5.69	56.82	1.37	5.54	19.29
5. 桃園縣	23	5.69	58.91	1.08	4.42	23.08
6. 新竹縣	22	5.88	54.87	0.99	5.42	10.01
7. 臺中市	25	5.12	55.92	1.32	4.08	41.68
8. 苗栗縣	25	6.39	64.52	0.97	5.41	18.51
9. 臺中縣	18	5.90	61.14	1.29	4.86	19.39
10. 彰化縣	22	6.19	56.62	0.99	4.52	18.15
11. 南投縣	19	5.89	62.38	0.88	5.46	19.74
12. 雲林縣	19	6.25	65.43	1.04	5.54	8.13
13. 高雄市	25	4.92	52.36	2.43	4.00	32.41
14. 臺南市	22	5.30	54.43	1.67	4.54	29.87
15. 嘉義縣	22	6.02	63.95	0.98	5.56	20.82
16. 臺南縣	19	5.96	64.59	0.99	5.76	13.70
17. 高雄縣	22	5.98	59.41	1.15	5.11	16.03
18. 屏東縣	22	5.87	60.33	1.09	6.04	11.58
19. 澎湖縣	15	5.17	63.26	2.64	5.98	17.58
20. 臺東縣	22	5.35	64.15	1.21	8.80	14.62
21. 花蓮縣	21	5.24	59.45	1.99	7.48	21.36
aj	21.81	5.60	59.17	1.46	5.29	22.24
Bj	15.96	2.25	19.17	3.06	5.32	47.32

表 5-1　臺灣地區各縣市社會經濟統計（續）

	每千人口影劇院座位數	每十萬人口意外災害死亡數	離婚率 ‰	就業人口中大專以上之教育程度者 %	上屆縣市選舉議員投票率 %	十五歲以上人口不識字率 %
	(7)	(8)	(9)	(10)	(11)	(12)
1. 臺北市	35	39.13	1.37	25.92	70.65	5.51
2. 基隆市	29	79.97	1.15	8.93	77.21	10.47
3. 臺北縣	16	56.58	1.05	14.02	76.41	8.42
4. 宜蘭縣	32	79.70	0.63	9.19	78.52	12.46
5. 桃園縣	34	71.84	0.80	9.04	84.35	10.52
6. 新竹縣	28	71.35	0.76	10.60	82.99	9.17
7. 臺中市	27	49.72	1.00	16.22	81.74	6.77
8. 苗栗縣	18	68.42	0.44	6.07	78.49	8.59
9. 臺中縣	11	73.11	0.62	6.89	85.68	12.19
10. 彰化縣	13	59.76	0.39	6.51	83.48	16.34
11. 南投縣	21	85.07	0.52	6.64	79.45	10.40
12. 雲林縣	19	67.32	0.39	4.52	75.55	15.65
13. 高雄市	42	50.78	1.14	13.61	81.16	7.73
14. 臺南市	22	48.95	0.87	14.87	85.63	9.34
15. 嘉義縣	16	72.61	0.50	7.46	75.87	13.33
16. 臺南縣	12	67.58	0.46	5.16	79.28	12.89
17. 高雄縣	11	71.95	0.73	6.27	82.59	13.35
18. 屏東縣	16	76.50	0.68	7.66	82.38	12.34
19. 澎湖縣	38	49.11	0.35	3.73	79.08	8.86
20. 臺東縣	13	107.32	1.08	4.65	78.13	8.77
21. 花蓮縣	31	116.08	1.13	5.93	79.38	7.47
aj	23.05	69.66	0.76	9.23	79.90	10.50
Bj	43.30	83.16	1.37	23.41	16.60	12.84

表 5-2　臺灣地區各縣市居民對生活環境最滿意程度比率

	對目前工作之待遇(或利潤)非常滿意者 % (1)	對住宅狀況滿意者 % (2)	對工作非常滿意者 % (3)	對工作志趣非常滿意者 % (4)	對健康狀況非常滿意者 % (5)	對公立醫療保健人員沒有信心者 % (6)
1. 臺北市	21.79	35.18	2.52	4.94	8.98	7.20
2. 基隆市	23.34	31.35	1.38	2.79	5.61	7.26
3. 臺北縣	25.80	36.71	2.11	6.17	12.45	3.22
4. 宜蘭縣	15.27	30.32	1.49	2.99	11.66	5.54
5. 桃園縣	30.26	43.27	3.48	4.95	10.90	5.66
6. 新竹縣	25.31	44.42	4.54	9.54	18.73	8.76
7. 臺中市	36.31	47.82	10.87	10.61	22.32	10.71
8. 苗栗縣	23.35	36.29	2.38	4.84	13.58	3.66
9. 臺中縣	20.15	33.86	3.29	4.77	15.29	12.00
10. 彰化縣	18.50	36.24	2.47	7.11	16.51	3.68
11. 南投縣	17.48	36.43	2.93	4.55	9.29	7.14
12. 雲林縣	18.40	29.22	1.19	2.70	11.67	6.33
13. 高雄市	22.99	34.08	2.93	5.90	8.78	5.61
14. 臺南市	18.78	25.14	1.99	2.02	9.55	4.87
15. 嘉義縣	14.74	34.20	2.03	4.43	7.06	2.76
16. 臺南縣	23.67	35.25	0.51	1.71	10.81	4.20
17. 高雄縣	26.90	41.29	5.03	4.48	15.47	8.78
18. 屏東縣	15.07	31.24	2.34	2.69	11.82	8.63
19. 澎湖縣	33.77	55.00	10.98	7.79	23.17	4.88
20. 臺東縣	26.87	38.79	4.33	10.48	10.79	7.76
21. 花蓮縣	23.16	35.27	1.77	3.31	12.67	3.42
aj	22.95	36.73	3.36	5.18	12.72	6.34
Bj	26.08	30.06	21.31	11.78	20.36	11.30

表 5-2　臺灣地區各縣市居民對生活環境最滿意程度比率（續）

	對休閒時間長短非常滿意者 % (7)	對工作穩定性非常滿意者 % (8)	與鄰居相處非常滿意者 % (9)	人際關係非常滿意者 % (10)	未來一年有遷徙意願能即可者 % (11)	對女孩受教育之期望國中畢業即可者 % (12)
1. 臺北市	2.23	2.76	4.58	2.51	3.27	1.21
2. 基隆市	3.31	3.48	2.97	2.09	7.91	2.64
3. 臺北縣	2.38	3.80	5.74	2.43	2.42	2.40
4. 宜蘭縣	2.05	4.19	5.54	1.80	2.53	8.64
5. 桃園縣	6.01	4.60	12.13	7.02	2.90	2.91
6. 新竹縣	6.19	4.77	10.96	8.92	1.93	3.61
7. 臺中市	8.56	7.84	14.88	5.97	1.53	2.39
8. 苗栗縣	2.62	3.25	9.14	1.82	2.89	11.08
9. 臺中縣	3.41	1.34	8.74	1.95	1.34	5.75
10. 彰化縣	3.52	1.83	9.81	5.67	0.46	7.88
11. 南投縣	1.49	2.69	13.94	6.29	1.26	6.57
12. 雲林縣	2.20	1.52	9.03	1.77	0.87	18.61
13. 高雄市	2.09	3.85	10.17	2.95	1.92	2.01
14. 臺南市	1.76	1.01	4.87	2.02	3.43	3.52
15. 嘉義縣	4.00	2.86	13.96	7.45	1.16	9.77
16. 臺南縣	2.04	1.19	7.38	2.38	3.03	10.74
17. 高雄縣	7.93	5.61	17.90	9.98	1.28	5.73
18. 屏東縣	1.76	2.98	5.84	1.64	1.03	4.42
19. 澎湖縣	5.00	10.39	10.00	6.49	0.70	8.54
20. 臺東縣	1.74	7.49	15.09	2.62	2.31	6.67
21. 花蓮縣	2.74	2.61	10.62	4.91	3.81	9.38
āj	3.48	3.81	9.68	4.22	2.31	6.40
Bj	9.31	10.67	17.82	11.88	7.16	18.64

表 5-3　臺灣地區各縣市社會經濟相對差距

	臺北市 (1)	基隆市 (2)	臺北縣 (3)	宜蘭縣 (4)	桃園縣 (5)	新竹縣 (6)	臺中市 (7)	苗栗縣 (8)	臺中縣 (9)	彰化縣 (10)	南投縣 (11)
1. 臺北市	0	5.5	4.2	6.4	5.9	5.9	3.7	6.7	7.4	7.3	6.8
2. 基隆市	5.5	0	2.9	3.3	2.3	3.7	3.6	4.5	4.1	4.7	3.9
3. 臺北縣	4.2	2.9	0	3.3	2.6	2.5	2.1	3.5	3.7	3.7	3.4
4. 宜蘭縣	6.4	3.3	3.3	0	2.1	1.9	3.7	3.1	2.6	2.9	1.7
5. 桃園縣	5.9	2.3	2.6	2.1	0	1.2	2.6	2.7	2.4	2.7	2.1
6. 新竹縣	5.9	3.7	2.5	1.9	1.2	0	2.8	2.6	2.4	2.7	2.0
7. 臺中市	3.7	3.6	2.1	3.7	2.6	2.8	0	4.0	4.0	4.3	3.9
8. 苗栗縣	6.7	4.5	3.5	3.1	2.7	2.6	4.0	0	2.8	3.0	1.8
9. 臺中縣	7.4	4.1	3.7	2.6	2.4	2.4	4.0	2.8	0	2.1	1.9
10. 彰化縣	7.3	4.7	3.7	2.9	2.7	2.7	4.3	3.0	2.1	0	2.6
11. 南投縣	6.8	3.9	3.4	1.7	2.1	2.0	3.9	1.8	1.9	2.6	0
12. 雲林縣	7.5	4.7	4.2	2.7	3.5	3.5	5.3	2.5	3.0	2.7	2.2
13. 高雄市	4.0	2.8	2.5	3.8	3.0	3.2	2.1	4.8	4.6	4.9	4.5
14. 臺南市	5.1	3.4	2.2	2.9	2.1	2.1	1.7	3.8	2.8	3.3	3.3
15. 嘉義縣	6.7	4.0	3.4	2.4	2.8	2.8	4.2	1.7	2.6	2.4	2.5
16. 臺南縣	7.4	4.3	3.9	2.4	2.9	2.8	4.5	2.0	1.8	2.3	1.4
17. 高雄縣	6.9	3.9	3.0	2.5	2.3	2.1	3.8	2.2	1.3	1.5	1.8
18. 屏東縣	6.9	3.9	3.1	2.0	2.5	1.8	3.9	2.1	1.5	2.0	1.5
19. 澎湖縣	7.1	3.3	4.5	2.9	3.5	3.7	4.5	3.9	3.8	4.4	3.3
20. 臺東縣	7.5	4.4	4.4	3.7	4.2	3.8	5.2	3.6	3.7	4.8	3.0
21. 花蓮縣	6.6	3.1	4.3	2.8	3.4	3.1	4.3	3.9	3.8	4.8	2.9
x̄	6.3	3.8	3.4	3.0	2.8	2.8	3.7	3.3	3.1	3.4	2.8
s	1.2	0.8	0.7	1.0	1.0	1.0	1.0	1.2	1.4	1.4	1.3

表 5-3 臺灣地區各縣市社會經濟相對差距（續）

	雲林縣 (12)	高雄市 (13)	臺南市 (14)	嘉義縣 (15)	臺南縣 (16)	高雄縣 (17)	屏東縣 (18)	澎湖縣 (19)	臺東縣 (20)	花蓮縣 (21)
1. 臺北市	7.5	4.0	5.1	6.7	7.4	6.9	6.9	7.1	7.5	6.6
2. 基隆市	4.7	2.8	3.4	4.0	4.3	3.9	3.9	3.3	4.4	3.1
3. 臺北縣	4.2	2.5	2.2	3.4	3.9	3.0	3.1	4.5	4.4	4.3
4. 宜蘭縣	2.7	3.8	2.9	2.4	2.4	2.5	2.0	2.9	3.7	2.8
5. 桃園縣	3.5	3.0	2.1	2.8	2.9	2.3	2.1	3.5	4.2	3.4
6. 新竹縣	3.5	3.2	2.1	2.8	2.8	2.1	1.8	3.7	3.8	3.1
7. 臺中市	5.3	2.1	1.7	4.2	4.5	3.8	3.9	4.5	5.2	4.3
8. 苗栗縣	2.5	4.8	3.8	1.7	2.0	2.2	2.1	3.9	3.6	3.9
9. 臺中縣	3.0	4.6	2.8	2.6	1.8	1.3	1.5	3.8	3.7	3.8
10. 彰化縣	2.7	4.9	3.3	2.4	2.3	1.5	2.0	4.4	4.8	4.8
11. 南投縣	2.2	4.5	3.3	2.5	1.4	1.8	1.5	3.3	3.0	2.9
12. 雲林縣	0	5.8	4.6	1.5	1.4	2.4	2.3	3.8	4.0	4.4
13. 高雄市	5.8	0	2.4	4.5	5.2	4.5	4.5	4.1	5.6	4.2
14. 臺南市	4.6	2.4	0	3.8	3.8	2.9	3.0	3.9	4.8	4.1
15. 嘉義縣	1.5	4.5	3.8	0	1.2	1.8	1.8	3.8	3.4	3.8
16. 臺南縣	1.4	5.2	3.8	1.2	0	1.5	1.4	3.5	3.3	3.8
17. 高雄縣	2.4	4.5	2.9	1.8	1.5	0	0.9	4.0	3.5	3.7
18. 屏東縣	2.3	4.5	3.0	1.8	1.4	0.9	0	3.7	3.0	3.2
19. 澎湖縣	3.8	4.1	3.9	3.8	3.5	4.0	3.7	0	4.6	3.7
20. 臺東縣	4.0	5.6	4.8	3.4	3.3	3.5	3.0	4.6	0	2.2
21. 花蓮縣	4.4	4.2	4.1	3.8	3.8	3.7	3.2	3.7	2.2	0
x̄	3.6	4.0	3.3	3.0	3.0	2.8	2.7	4.0	4.1	3.8
s	1.5	1.1	0.9	1.3	1.5	1.4	1.4	0.8	1.1	0.9

表 5–4　臺灣地區各縣市社會經濟指標

	收入 (1)	居住 (2)	勞動力參與率 (3)	失業率 (4)	粗死亡率 (5)	醫師人數 (6)	座位數 (7)	災害死亡 (8)	離婚率 (9)	就業人口中大專以上者 (10)	投票率 (11)	十五歲以上不識字率 (12)
1. 臺北市	100	100	0	73	100	100	77	100	0	100	0	100
2. 基隆市	41	77	46	0	76	40	58	47	22	23	44	54
3. 臺北縣	59	64	13	80	100	25	16	77	31	46	38	73
4. 宜蘭縣	12	38	36	82	65	24	68	47	72	25	52	36
5. 桃園縣	47	38	51	93	88	32	74	57	56	24	91	54
6. 新竹縣	41	28	21	96	68	23	55	58	60	31	82	66
7. 臺中市	59	69	29	84	95	71	52	86	36	56	74	88
8. 苗栗縣	59	0	93	97	68	22	22	62	91	10	52	72
9. 臺中縣	18	26	68	85	79	24	0	56	74	14	100	38
10. 彰化縣	41	11	34	96	86	21	6	73	96	12	85	0
11. 南投縣	24	27	77	100	67	25	32	40	83	13	58	55
12. 雲林縣	24	8	100	94	65	0	26	63	96	4	33	6
13. 高雄市	59	79	2	43	96	51	100	85	22	44	70	80
14. 臺南市	41	59	18	71	85	46	35	87	49	50	99	65
15. 嘉義縣	41	20	89	96	65	27	16	56	85	17	35	28
16. 臺南縣	24	23	94	96	61	12	3	63	89	6	57	32
17. 高雄縣	41	22	55	90	74	17	16	57	63	11	79	28
18. 屏東縣	41	28	62	92	55	7	87	51	68	18	78	37
19. 澎湖縣	0	66	84	35	56	20		87	100	0	56	69
20. 臺東縣	41	56	90	88	0	14	6	11	28	4	50	70
21. 花蓮縣	35	62	55	59	26	28	65	0	24	10	58	82

表 5-5　臺灣地區各縣市居民對生活環境滿意程度指標

	對工（或）作待遇	對非常住宅滿意狀況者	對工作者非常滿意	對工作志趣滿意者非常	對非常健康狀況滿意者	對保有公立醫員療沒	對非常休閒時間滿者	對性者工作穩定滿意非常	與非鄰居相處者常滿意	人際關係保者非常滿意	未來願意一年再有者	即可望受國中教育之女孩期
	(1)	(2)	(3)	(4)	(5)	(6)	(7)	(8)	(9)	(10)	(11)	(12)
1. 臺北市	32	34	19	36	19	48	10	19	11	10	62	100
2. 基隆市	40	21	8	12	0	49	26	26	0	5	0	92
3. 臺北縣	51	39	15	50	39	5	12	30	18	9	74	93
4. 宜蘭縣	2	17	9	14	34	30	8	34	17	2	72	57
5. 桃園縣	72	61	28	36	30	31	64	38	61	65	67	90
6. 新竹縣	49	64	38	88	75	65	66	40	54	87	80	86
7. 臺中市	100	76	99	100	95	86	100	73	80	52	86	93
8. 苗栗縣	40	37	18	35	45	10	16	24	41	2	67	43
9. 臺中縣	25	29	26	34	55	100	27	4	39	4	88	74
10. 彰化縣	17	37	19	61	62	10	29	9	46	48	100	62
11. 南投縣	13	38	23	32	21	47	0	18	73	56	89	69
12. 雲林縣	17	14	6	11	34	39	10	5	40	2	94	0
13. 高雄市	38	30	23	47	18	31	8	30	48	16	80	95
14. 臺南市	19	0	14	3	22	23	4	0	13	5	60	87
15. 嘉義市	0	30	14	30	8	0	36	20	74	70	84	51
16. 臺南縣	41	34	0	0	30	16	8	2	30	9	66	45
17. 高雄縣	56	54	43	31	56	65	91	49	100	100	89	74
18. 屏東縣	2	20	17	11	35	64	4	21	19	0	92	82
19. 澎湖縣	88	100	100	68	100	23	50	100	47	58	97	58
20. 臺東縣	56	46	36	98	29	54	4	69	81	12	75	69
21. 花蓮縣	39	34	12	18	40	7	18	17	51	39	55	53

表 5-6　臺灣地區各縣市生活環境綜合指標

	生活環境綜合指標			生活環境滿意程度指標		
	(1)	指數(2)	等次(3)	(4)	指數(5)	等次(6)
1. 臺北市	285.058	.632	1	145.010	.217	14
2. 基隆市	168.938	.374	20	120.379	.180	17
3. 臺北縣	202.005	.448	9	154.813	.232	11
4. 宜蘭縣	176.391	.391	18	112.125	.168	20
5. 桃園縣	217.497	.482	6.5	197.284	.296	6
6. 新竹縣	198.255	.440	11	236.161	.354	4
7. 臺中市	240.743	.534	2	304.099	.456	1
8. 苗栗縣	217.357	.482	6.5	124.491	.187	16
9. 臺中縣	199.295	.443	10	178.396	.267	7
10. 彰化縣	204.844	.454	8	169.912	.255	8
11. 南投縣	196.003	.434	14	165.188	.248	9
12. 雲林縣	196.731	.436	13	117.830	.177	18
13. 高雄市	233.103	.517	3	159.110	.238	10
14. 臺南市	218.149	.484	5	113.833	.171	19
15. 嘉義縣	192.580	.427	15	154.237	.231	12
16. 臺南縣	198.066	.439	12	106.878	.160	21
17. 高雄縣	182.809	.405	16	245.565	.368	3
18. 屏東縣	181.948	.403	17	148.799	.223	13
19. 澎湖縣	221.829	.492	4	271.557	.407	2
20. 臺東縣	170.921	.379	19	204.394	.306	5
21. 花蓮縣	167.404	.371	21	123.948	.186	15

六 預期職業地位：個體的與群體的因素

一、前 言

　　人類之生存與社會之發展有賴社會分工，需要不同性質、不同能力、不同技術與知識的成員分擔各種不同的工作，分佔到不同的社會地位，進而形成不同的社會階層。社會分工愈細，社會階層結構益趨複雜。社會成員連續從事對個人及社會皆有意義之工作謂之職業。不同社會對於職業依其標準，各有評價，乃有上下高低的社會階層；個人在不同層次，居於不同位置，卽謂職業地位。決定個人在社會階層中的地位有不同途徑。由於先天因素而定的，例如性別、年齡、種族等等，此係與生而俱的生就地位。由於後天的因素，例如個人努力獲得某種技能而居於該一地位，係謀而得之的成就地位。處在今日，個人在社會階層中的職業地位不是由遺傳而來，也非由上代繼承而得，而是自己努力謀求，經過競爭而後得之者。生就的地位個人無能改變；但成就地位却可經由教育或訓練等手段而有改變。父子兩代之間的職業地位可以不同，個人在一生之中的職業地位也有變更。父子世代之間的及個人一生之內的職業地位之諸種改變，皆可影響社會的階層結構。現代社會分工日細，職業分化愈繁，職業結構變遷益速，世代之間的、個人一生之內的社會易動更趨頻繁。於是社會階層、社會易動以及社會地位取得就成了迫切需要瞭解的社會現象。社會科學家也就把這類研究列為最重要的研究主題之一。

本文卽是依循社會學家對職業地位取得過程之研究，引用已有之理論模型，以我國社會之實徵性材料，進行統計分析，試以證驗地位取得模型對我國社會的適用程度。

二、職業地位取得模型及社會易動理論

由於社會分工形成社會階級的討論，古代思想家如希臘之柏拉圖在理想國中，我國之孟子在孟子滕文公篇中皆已論及。古典的社會思想家諸如涂爾幹的分工論，馬克斯的階級論，瑪韋伯的階級、地位與權力等等，對社會階層等重要觀念皆有所闡發。廿世紀以還，歐洲學者歷來對社會階層的看法較偏重在群體的結構方面，例如平等與權力等，另外也涉及生產分配與市場制度等問題的探討。第二次世界大戰之後，美國社會學家逐漸重視到社會階層的研究。班代西及李普塞（Bendix and Lipset, 1953, 1966）先後出版了「階級、地位與權力」，開創了對美國社會階層及社會易動的研究風氣，也引發了歐美兩方的共同興趣及比較研究的工作。不過這一階段的社會階層及社會易動的實徵性研究，還是侷限於不同職業在社會中分佈的情況，把材料列出交叉表進行分析。例如：父子兩代的職業分別依其門類，加以分類，交叉列表，進行比較。這種方法有很大的限制，主要的是職業分類相當粗疏；通常分為非體力勞動者、體力勞動者，每一類再分出高低二項，再加農業一類，共列為五類。

距今廿年前，布勞及鄧肯出版了美國職業結構（Blau and Duncan, 1967），對社會易動的研究開了一個全新的局面，創用了地位取

得過程這一個主要概念，使社會易動模式在社會階層的研究領域內有了全新的風貌。雖然職業地位並沒有包含了所有的階層意義，但仍不失是一個好的階層指標（Blau and Duncan, 1967: 6）。職業地位取得過程是指個人的出身（Origin）與成就（Destination）之間有種關聯（Association）。其間首要的一個問題是：出身所以能影響到成就的機樞（Mechanism(s)）是那些？易言之，在出身方面有那些因素？又如何能影響到成就？其次，除出身之外，對於成就發生影響作用的還有那些因素？這類研究的結果指出：兩代之間的社會易動及職業地位的傳承或更易，職業方面的成就常以教育作為重要的梯階（Duncan, Featherman and Duncan, 1972: 4）。布勞及鄧肯在研究手法上亦有新穎之處。他們捨棄交叉表的分析，採用複廻歸分析，尋求諸變項之間的關聯程度，進而應用跋躓分析技術（Path Analysis），檢驗變項之間如何關聯，是否可找到彼此間的因果關係。把這種手法應用到地位取得過程上，一方面可以得知父子兩代的世代易動，另一方面也可得知第二代經由教育及第一個職業到目前之職業，這一代之內的經歷易動。

　　廿年以來，地位取得模型已成為社會學上研究社會階層及職業易動的範型。同時，在另一方面的貢獻是在於職業的分類方面。社會學家對於職業的分類採用了職業聲望評量的觀點，選定樣本對不同職業給予一定的量表分數。這種方法也有缺點，因為只能對幾十種，充其量幾百種職業，進行評量，再指定一定的聲望分數。　例如：North 及 Hatt（NORC, 1947）利用全國民意研究中心的全國性材料，以九十種職業形成一種職業聲望量表；Treiman（1970）進而編製了一種國際性的標準職業聲望表。鄧肯（Duncan, 1962）則發展出一種社會經濟指數（SEI），係利用普查材料，針對所有的職業，以教育及所得計算得平均加權分數，提供一種較細緻的職業地位分數，可用之於更精密的統計技術。在國內從事此類研究者，頗不乏人。例如：馬若伯（Marsh, 1963），蔡勇美及練馬可（Tsai and Thelin, 1966），何友暉及廖正宏（1986），張曉春（1970, 1981），顧浩定（Grichting, 1971），廖正宏（1976），蔡淑鈴（1977），文崇一及張曉春（1979），翁望回（1980），劉若蘭及黃光國（1984）以及瞿海源（1985）等等。職業聲望一詞包含了多重意義，同種職業隱含著同等教育，相近的收入，也意味著相同的生活方式，相似的意識型態。從事同一職業的人，往來頻繁，進而結成群體。從另一方面看，社會上每一種工作需要的才能及訓練各不相同。從事不同工作，據有不同的社會地位，也獲得不同的報償或評價；社會地位不同，所持的權力大小不一，分配之社會資源亦不一致。這種角色與地位，責任與權利，相應相生，形成社會階層與社會易動的基本過程。基於此種瞭解，不同社會，不同時間，對同一職業聲望所作的評價，却有相當的一致性（劉若蘭、黃光國：59）。自然如此，職業聲望的評定仍會有人繼續進行，不過如何能把行業、職位，以及從業身份，甚至教育與收入等層面皆可涉及，形成一種定量的複合性的指標，如此既可瞭解職業聲望結構，亦可用以進行定量的分析工作。這種考慮至感重要。尤其歐洲的學者似乎著重在社會階級的觀點。研究職業地位時注意到從業身份，諸如雇主、經理、勞工、自營業者等，著眼於這些人在職業結構之中是否具有支配他人的權力。考慮職業地位時，從業身份也是重要變項之一（Wright and Perrone, 1 79）。

至於地位取得模式主要是指出：個人的出身影響到一己之成就，其所以造成這種影響，則是由於出身影響到個人的教育，教育方面的成就再影響到職業地位。所以教育是促使兩代之間職業地位改變的重要機樞。在今日社會，父子兩代之間的職業地位不會再以直接傳遞的方式，代代相承；而是上代給予下代接受教育的機會，下代藉著教育，接受更多的訓練與技能，進而獲得分配更多社會資源的機會。社會依個人之教育作爲選拔進入某一職業地位的基準，個人則以接受教育作爲垂直向上易動的通道。這種情形，在我國的社會亦復如是。由於社會經濟的發展，創造了許多前所未有的新式就業機會，也增加了向上易動的可能性。但是只有接受更多的教育，下一代的具有向上易動的企圖，才能獲得較上代更高的職業地位（席汝楫，1966: 11）。基於上述，父子兩代間職業地位之承傳或轉換，教育爲其重要因素，迨無疑義（許嘉猷，1982a，1982b; Wang, 1980）。

繼地位取得模型之後，每位學者進行此類研究，且在教育因素之外，尋求其他的因素，用以說明地位取得之過程；意卽在教育的因素之外，有無其他因素在出身與成就之間發生作用，使父代與子代之間的職業地位產生差別。於是有維斯康新模型之提出，是指在教育的因素之外，重視社會心理因素，增列個人才智、子女人數、上進的企圖、動機等等（蔡淑鈴，1986: 305; 陳寬政，1982）。換句話說：在地位取得過程之中，有那些因素又影響到教育之提升，進而使兩代之間的職業地位有所轉變。這一理論的重點在於社會化過程這個觀念，意卽在個人社會化的過程中，有些因素，諸如一己之野心，別人對自己的影響，甚至個人的聰明才智，學校的學業成績，都可能在教育這個因素上發生了作用（Kerckhoff, 1984: 142）。在一九七〇年代，衆多的學者就美國社會進行此類研究，不過研究結果雖能用來解釋美國的白人，用來解釋婦女及美國黑人就感到不足（Kerckhoff, 1984: 144）。地位取得模型雖係從個人出身的特質方面探討地位分配問題，另外，認爲個人的抱負與努力在平等競爭的過程下，也具有重要影響（Blau and Duncan, 1967; Sewell, Haller and Ohlendorf, 1970)。但是，職業地位取得過程牽涉到更複雜的社會結構所生的影響，於是在個體的因素之外，有人重視結構方面的因素，諸如勞動力及就業市場，以及職業類別之外的從業身份等等。研究職業地位取得過程之學者們大致認爲：除考慮個人因素如家庭背景、教育、個人才智能力，或成就動機等，同時也應注意到社會結構方面的因素，諸如社會組織的性質，社會階級的性質，從事職業之性質等等。人們生存在不同的社會環境之中，從事的職業各有所屬的社會境遇 (Social Context)；家庭固爲其中之一，其他如學校、工作團體、參與的教會，以及整個社會，皆可影響個人對外在社會結構之認知，進而影響個人職業地位之取得 (劉若蘭、黃光國: 62)。從目前的趨勢來看，職業地位取得之研究，除看重在個體的因素之外，社會結構的因素亦宜加以強調 (許嘉猷, 1981)。

關於接受教育導使取得職業地位之研究，強調個人的教育成就。不過影響個人教育成就的因素，可能有個人的天賦能力，個人的社會背景以及個人所處的教育機構的結構 (王德睦等: 355)。在這一方面有人曾深入研究學校環境及設施，如何導使個人獲致教育上之成就 (Alexander and Eckland, 1975)。綜上所述，教育是決定個人職業地位的重要因素，不過除教育之外，結構性的因素究竟是那些? 筆者依據職業地位取得模型把上代的教育與職業地位仍然視爲重要的因素。不過假定把下一代的教育這個變項加以控制之後，還有那些與教育有關的，諸如學校生活環境等，如何影響職業地位? 筆者考慮到我國的聯考制度，學校生活環境，以及學業成績，作爲教育結構方面的因素。另外，社會結構方面列入居住社區的性質及參與之宗教活動，也同時增列到地位取得模型之中，一併考慮。所以本文的主要旨趣是：把職業地位取得模型中的一個重要變項（教育）加以控制之後，增列社會結構性的變項（社區及宗教）及學校環境方面的心理變項（大學聯招及學校生活環境）與學業成績（能力），在職業地位取得過程中，如何影響下一代的職業地位。這種手法是把個體的因素（變項）與結構的或總體的因素，共同加以考慮來解釋兩代之間職業地位的遞變。歷來社會學上的研究多以個體的因素（變項）作爲自變項，應變項也爲個體的因素。近年來，自變項中列入群體的變項，進行結構分析大爲風行（周碧娥，1981，1982；許嘉猷，1981；王德睦等，1986；Chang Ching-fu, 1986; Alexander and Eckland, 1975; Boyd and lverson, 1979; Mason, Wong and Entwisle, 1984）。本文主旨即在證驗地位取得模型在我國社會之適用程度，並把教育這個重要變項加以控制，增列結構性因素，進行結構分析（或稱脈絡分析）。

三、材料與量度方法

基於上述之地位取得模型及維斯康新派所提出的模型，筆者擬引用作爲理論依據，並就他人之意見，增列結構性因素，以我國社會之材料，進行分析，瞭解兩代之間的社會易動，除個體的因素之外，結構的因素如何影響到預期的職業地位。這個研究中主要的變項如下：

1.應變項：預期職業地位，指在學的大學生對於未來就業的抉擇與願望，畢業之後期望取得之職業地位。

2.自變項：個體的因素，包括父親教育及父親職業。結構的因素，包括宗教信仰，牽涉到宗教性活動。居住社區性質、學校生活環境的因素，包括大專聯考志願與錄取學校之間的差距，對大學生活環境的滿意程度。學業成績則指示在求學期中自己努力的程度。

3.控制變項: 由於研究之樣本是大學生, 所以地位取得模型中的教育這個變項已經加以控制。另外的控制變項是男女性別, 以及學院, 包括文法學院、理工學院、商學院及夜間部, 統計分析時作為控制變項。應用之材料係民國七十一年進行「大學生活環境社會指標研究計畫」時所蒐集; 就中部地區某一大學以班級為單位, 以叢集選樣方法, 請同學填答問卷。以下就主要變項之量度方法加以說明。

由於進行複廻歸分析, 變項之量度宜以等距變項 (Interval Variables) 行之, 才可計算諸變項間的相關程度。原為名稱變項 (Nominal Variable) 或等級變項 (Ordinal Variable) 須經轉化為等距變項。唯性別、學院別作為控制變項, 用以比較不同性別, 不同學院之間的差異, 其他主要變項的量度方法分別說明如下。

教育程度——依問卷原列之名稱 (或) 等級變項, 指定一個數值, 約略與就學年數相當:

    0   不識字
    3   識字或私塾
    6   小學
    9   初中或初職
    12 高中或高職
    16 大專或大專以上

職業地位——依問卷原列之職位, 參照國際職業聲望量表, 給予相當之分數 (許嘉猷, 1982b: 274):

    64 專門性及技術性有關工作人員
    58 行政及/或主管人員
    55 監督及/或佐理人員

50 買賣工作人員

47 服務性、交通運輸業工作人員

40 生產及技術工作人員

38 農林漁牧業工作人員

35 非技術性及體力勞動工作人員

宗教信仰——原爲一種名稱尺度的變項，兹轉化爲標準常態分配的標準偏差值分數（Normal Deviates），再計算得不同宗教之權數，作爲一個量化指標（Schuessler：321-322；黃榮村：383-384）。這種方法首先應用在態度喜好的比較判斷上，由相對次數的累加數值，求得常態偏離值，然後加以校正，求得量表值；設定此項量表值之間是等距性質，故加一常數，使其中某一個數值成爲零，或正整數。經校正後之值作爲對不同項目之量表值。以宗教信仰爲例，計算步驟如下：

宗教信仰	次數 (1)	相對次數 (2)	累加比率 (3)	(2)／2 (4)	(3)—(4) (5)	標準偏離值 (6)	加21.70 (7)	四捨五入 (8)	(8)×2 (9)
未 回 答	19	0.030	0.030	0.015	0.015	-2.170	0	0	0
其　　他 (回教等)	15	0.024	0.054	0.012	0.042	-1.728	0.442	0.5	1
民間信仰	81	0.130	0.184	0.065	0.119	-1.180	0.990	1.0	2
無 宗 教	297	0.476	0.660	0.238	0.442	-0.197	1.973	2.0	4
佛　　教	127	0.204	0.864	0.102	0.762	0.713	2.883	3.0	6
天 主 教	23	0.037	0.901	0.018	0.883	1.190	3.360	3.5	7
基 督 教	62	0.099	1.000	0.050	0.950	1.645	3.815	4.0	8

前一學期學業成績——由答卷者填答上學期之學業總平均成績，係等距變項。

居住之社區性質——由答卷者填答居住期間較久之社區名稱，實際在問卷上列出戶籍所在地。假定居住之社區與預期之職業地位其間有某種關聯。社區性質則以都市化程度表示之；都市化程度以就業人口中非農業人口之比率爲指標。由答卷人之戶籍所在地，查得該地區就業人口中之比率（內政部：中華民國臺閩地區人口統計，民國七十年：220-281），估計得非農業就業人口比率，作爲不同社區都市化程度指數。此項指數之高低或可影響青年未來就業之意向，也可啓發其向上求進的心理，促成職業地位之垂直上升的機會。

聯考志願差距指數——此一變項表示個人報考大學聯招之第一志願學校與錄取學校二者之間的差異，以指數表示之。報考之第一志願學校表示一己之企求與願望。實際錄取學校表示自己之能力。此二者之間的差距可能表示心理上的挫折感。挫折感愈大可能影響對就讀學校之態度，學業成績，甚至未來就業之抉擇。此一變項首先請答卷人填答報考聯招時之第一志願學校名稱。由於本研究之樣本係某校之在學學生，故錄取學校爲已知。爲了求得志願學校與錄取學校之間的差距指數，首先需求得各大學經過比較判斷所得之心理量表之量表值。所用方法仍是前述之態度喜好的比較判斷法。就十八所大專院校進行配對選擇（例如：甲校對乙校，請指出您選擇何校？）。如此配成18（18－1）／2 對，由樣本中的受測者比較判斷，先後做出次數表（F矩陣），相對次數表（P矩陣），再轉換爲常態分配的標準分數，做出標準分數表（Z矩陣），計算各校之量表值，下列諸值係由樣本中一部份學生一四○人，比較判斷，用上述方法所得之結果(3)：

A校—402	G校—272	M校—166
B校—344	H校—269	N校—161
C校—343	I 校—259	O校—151
D校—321	J校—252	P校—121
E校—302	K校—204	Q校—109
F校—293	L校—184	R校—100

如此，聯考志願差距指數＝100－｜第一志願學校量表值 － 錄取學校

量表值 |

例如：100 － | 402 － 321 | ＝19。

差距指數愈小，表示志願與能力之差較大，所受挫折感也大。由報考志願學校來看，樣本中有三百人報考了A校，117 人報考了 B校，報考D校者63人，報考其餘學校者則10人，20人不等。聯考志願差距指數愈大，表示報考志願學校與錄取學校頗為接近，對於願望之相對的抑壓較小。

學校生活環境態度量表分數——應用綜合態度量表編製方法，對學校生活有關的現居處所、喜歡之居住處所、公車服務、餐廳品質、教學設備、圖書館使用情況、對學校之回顧以及對未來之展望等八個項目，每項以五點尺度，製成綜合態度量表，由樣本中之受測者圈選，每項之分數相加後作為量表分數，用以測定對學校生活環境之滿意程度。量表分數與聯考志願差距指數，與學業成績，甚至預期之職業地位可能有某種程度之關聯。量表中之八個項目，如以單數雙數分列為二表，計算得之折半信度係數為0.909(4)。

以上所述四種變項，即居住地區都市化指數、聯考志願差距指數、學校生活環境態度量表分數以及學業成績，皆屬等距變項。茲將各項敍述性之統計數列表於下：

		居住地區 都市化指數	聯考志願 差距指數	學校生活環境 態度量表分數	上　學　期 學業成績
	n	552	564	563	537
平	均　値	78.36	46.34	25.34	72.20
標	準　差	20.83	31.60	2.94	6.00
標	準　誤	0.89	1.33	0.12	0.26
中	數	86.00	19.00	25.00	71.00
衆	數	86.00	19.00	26.00	70.00
全	距	99.40	81.00	16.00	44.00
極	大　値	99.90	100.00	33.00	94.00
極	小　値	0.50	19.00	17.00	50.00
峰	度　値	0.84	-1.51	-0.29	0.74
偏	態　値	-1.24	0.46	-0.04	0.12

由上列諸變項之統計數觀察，相當接近於常態分配，進行廻歸分析時，不需轉化爲對數分數或其他轉化手續，以期符合廻歸分析之基本假定。

四、分析方法與結果

應用統計方法包括:

1. 單變項分析——對於諸變項之次數分配及百分比，列表作敍述性之說明。

2. 雙變項分析——以應變項（預期職業地位）爲主，與其他自變項交叉列表，計算 X^2 值，及列聯係數C值。另計算零階皮耳生相關係數，用以指明兩個變項之間的相關程度。

3. 複廻歸分析——確定應變項（預期職業地位）與諸自變項（個體因素，結構因素，社會心理因素等）之間的相關程度，並檢定經驗材料與廻歸模型之間的適合程度。

4. 跋蹊分析——預定變項之間的因果關係，應用跋蹊分析，確定地位取得模型是否可以說明我國社會的社會易動。尤其是把教育變項加以控制之後，地位取得模型是否仍然成立？變項之間如何影響？以下就不同統計方法，分析之結果分別說明之:

·單變項分析:

爲說明樣本之性質，對有關變項進行單變項分析，就次數分配與百分比，列爲表 6-1。

由表 6-1 可知樣本大小爲五百六十四人，其中男生爲百分之五十七，女生百分之四十三。所修習之學科商學院學生約一百六十人，夜間部學生一百六十人，各佔樣本中的百分之廿八。文法學院學生不到四分之一，理工學院學生不到五分之一。樣本中有超過一半的學生畢業後有進修的計畫。宗教信仰除教義之領受外，也牽涉到宗教行動之參與，除可能影響到學校生活環境的滿意程度外，或許會影響到未來就業計畫。在樣本中將近二分之一的學生回答「無宗教信仰」。這些人或許捨棄了家庭承傳的民間信仰，但是還沒有接受其他教會組織的宗教信仰。回答民間信仰者有百分之十三，信仰佛教者有百分之廿一。信仰天主教與基督教的學生在樣本中不到一百人，佔百分之十七。樣本中五百六十四人的父親，其教育程度有一半以上是高中以上程度，四分之一是小學程度，百分之十六是初中或初職程度，不識字者約百分之一。父親之職業地位有百分之卅六是屬專業性或技術性、行政主管、監督或佐理人員。另外三分之一多的家長為農林漁牧工作者或非技術性工作者。介於上述二者之間的職業地位中等的工作，買賣工作人員、服務業及生產或技術性工作人員等佔三分之一不到。在地位取得之研究方面，特重出身與成就之間的關聯，父親教育程度與職業地位是不能或缺的重要因素。

2.雙變項分析：

單變項分析之外，玆以預期職業地位為主，與其他有關變項，進行變項分析，求得 X^2 值及 C 係數值，以明兩個變項之間的關聯程度，分析結果列為表 6-2。

表 6-2 所列預期職業與其他六個變項皆為名稱尺度變項（Nominal Variables），經分別交叉列表，計算 X^2 值及列聯係數 C 值，指出變項之間的關聯程度。不過列聯係數 C 值，由於自由度彼此不同，所以難能比較。

表 6-3 則係名稱變項經轉化為等距變項（Interval Variables）之後，計算得皮耳生相關係數，指出諸變項之間的相關程度。其中比

表 6-1　主要變項之次數分配及百分比

變項名稱	人數	百分比
1. 性　別		
男　生	321	57
女　生	243	43
2. 學　院		
文法學院	136	24
理工學院	109	19
商　學院	159	28
夜間部	160	28
3. 宗教信仰		
無回答	2	0.4
其他(回教等)	2	0.4
民間信仰	72	13
無宗教信仰	272	48
佛　教	120	21
天主教	32	6
基督教	64	11
4. 畢業後有無進修計畫		
有進修計畫	237	53
無進修計畫	264	47
5. 父親教育程度		
不識字	4	1
識字或私塾	11	2
小　學	141	25
初中或初職	88	16
高中或高職	168	30
大專及大專以上	146	26
6. 父親職業地位		
專業性或技術性工作	31	6
行政及／或主管人員	20	4
監督及／或佐理人員	144	26
買賣工作人員	32	6
服務業及交通運輸工作人員	71	13
生產及技術性工作人員	58	10
農林漁牧工作人員	110	20
非技術性或體力勞動者	85	15

表 6-2　預期職業地位與有關變項之關聯程度

變　　　　　　項	X²	d.f.	C
1. 性　　別(男、女)	26. 35**	9	0. 211
2. 學　　院(文法、理工、商、夜間部)	125. 58**	272	0. 427
3. 進修計畫(有、無)	32. 63**	9	0. 234
4. 宗教信仰	47. 10	54	0. 278
5. 父之教育	47. 44	63	0. 279
6. 父之職業	691. 20**	72	0. 743

**p＜0. 001

較突出的一項是父親職業地位與子女預期職業地位的相關係數高達點
四零三。不過這種情形在西歐的研究材料中也曾出現（Kerckhoff,
1984: 141)(5)。

表 6-3　主要變項的相關係數

	(1) 父親教育	(2) 父親職業	(3) 宗教信仰	(4) 社區都市化程度	(5) 聯考差距	(6) 學校環境態度	(7) 學業成績	(8) 預期職業地位
1.	1. 000	−0. 087	0. 128	0. 187	−0. 026	0. 061	0. 020	0. 051
2.	−0. 087	1. 000	−0. 068	−0. 057	−0. 029	−0. 011	−0. 041	0. 403
3.	0. 128	−0. 068	1. 000	0. 080	0. 115	0. 053	−0. 043	0. 004
4.	0. 187	−0. 057	0. 080	1. 000	−0. 068	0. 058	−0. 006	−0. 013
5.	−0. 026	−0. 029	0. 115	−0. 068	1. 000	0. 051	−0. 118	−0. 067
6.	0. 061	−0. 011	0. 053	0. 058	0. 051	1. 000	−0. 075	−0. 014
7.	0. 020	−0. 041	−0. 043	−0. 006	−0. 118	−0. 075	1. 000	0. 071
8.	0. 051	0. 403	0. 004	−0. 013	−0. 067	−0. 014	0. 71	1. 0000

3.複廻歸分析:

　　應用廻歸分析之目的在於發現各個自變項與應變項（預期職業地
位）之間有無線性關係存在。如有線性關係，則應用跋蹊分析技術去
證實變項之間的因果模型。在廻歸模型中處理的變項包括 個 體 的 變
項，父之教育及父之職業地位，結構性變項如宗教信仰及居住之社區
性質，以及學校生活環境態度及心理的變項，如：大專聯招志願與錄

取學校之差距，對大學生活環境之態度，以及表示個人在學習過程中努力的程度（學業成績）。以上各項為自變項，應變項則係大學學生畢業後就業之抉擇，以預期職業地位作為變項名稱。線性複廻歸模型以下式示之：

$$Y_i = \beta_0 + \beta_1 X_{1i} + \beta_2 X_{2i} + \cdots\cdots + \beta_P X_{Pi} + c$$

由於模型中未知的參數須依樣本材料來作估計，所以用之於樣本材料之廻歸方程為：

$$Y = B_0 + B_1 X_1 + B_2 X_2 + \cdots\cdots + B_i X_i$$

Y 與 X_i 是否有相關，則設定虛無假設 $\beta_i = 0$，進行 t 考驗。樣本材料對廻歸模型適合的程度以決定係數 R^2 判定之，如 $R^2 = 0$，則謂自變項與應變項之間沒有線性關係。更進一步，以 R^2 之校正值，說明模型配合母全體的程度。

表 6-4 應變項預期職業地位與諸自變項廻歸分析結果

自 變 項	樣本全部			男 生			女 生		
	B	SD	Beta	B	SD	Beta	B	SD	Beta
父親職業地位	-0.423**	0.039	0.414	00.507**	0.048	0.507	0.254**	0.066	0.242
學業成績	-0.165*	0.074	0.086	0.085		0.073	0.068		0.066
父親教育	-0.256*	0.116	0.085	0.297*	0.148	0.097	0.056		0.056
宗教信仰	-0.028		0.026	0.070		0.060	-0.039		-0.038
社區都市化程度	-0.005		-0.005	0.036		0.032	-0.037		-0.036
聯考志願差距指數	-0.048		-0.044	-0.086		-0.074	-0.068		-0.066
學校生活環境態度分數	-0.009		-0.009	-0.026		-0.023	-0.012		-0.012
常 數	13.078**	5.842		19.902**	2.780		36.552**	3.060	
n	527			303			224		
R^2	0.177			0.262			0.059		
adj R^2	0.172			0.258			0.055		
F 值	10.090			56.593			15.045		
F之顯著程度	0.0			0.0			0.001		

**P<0.001　*P<0.05

表 6-5　變項預期職業地位與諸自變項廻歸分析結果（續）

	文法學院			理工學院			商　學院			夜　間　部		
	B	SD	Beta	B	SD	Beta	B	SD	Beta	B	SD	Beta
	0.569**	0.078	0.526	0.669**	0.072	0.671	0.084		0.083			0.032
	0.486**	0.172	0.203	0.043		0.032	0.008		0.006			−0.033
	0.154		0.129	0.175		0.130	0.204		0.083			0.045
	0.020		0.017	0.022		0.016	0.238		0.045			0.052
	0.084		0.071	0.080		0.059	0.006		0.012			−0.028
	0.004		0.003	−0.162		−0.120	−0.032		−0.114			−0.039
	0.029		0.025	0.006		0.004	0.190		0.058			−0.090
	⁻14.527**	13.327		15.354**	3.340		35.653	13.337		55.789	12.514	
	112			97			157			158		
	0.313			0.450			0.031			0.015		
	0.302			0.445			−0.014			−0.030		
	30.242			87.528			0.696			0.330		
	0.000			0.000			0.675			0.939		

** P＜0.001

　　由複廻歸分析結果（表 6-4）顯示：就樣本全部來看，預期職業地位與父親之職業，父親之教育有不等程度的關聯。結構性因素（宗教信仰與社區性質）以及學校生活環境的心理因素與應變項之間却沒有統計的顯著相同。不過，在學業上的努力程度（學業成績）與預期職業地位却有所關聯。此外在文法學院的學生中，學業成績與預期職業地位二者之間也有關聯。一般大學生認爲一個人所以能够成功，首要因素是靠個人的努力，次爲才能，再次才是背景與機運（席汝楫，1967：13）。所以在學校中對課業的努力，是表現了希望取得職業地位的企圖。

　　如就男生、女生兩個性別而言，預期職業地位與父親的職業地位男女二者皆有顯著關聯。並且，男生的預期職業地位與父親的教育也有顯著性的關聯。但是，在女生方面則不然。其餘的結構性變項，學校生活環境及心理因素與預期的職業地位都沒有統計的顯著關聯。所以個人所處的教育機構的結構對預期職業地位似乎看不出有直接的影響。關於職業地位取得過程的性別差異，有人（Tsai, 1984）曾指出：在勞動市場上男性與女性有相近的教育程度，而且教育成就是取得職業地位的重要因素之一，出身家庭的影響只是間接的因果關係。不過，當把教育這個變項加以控制之後，男性的預期職業地位受到父親職業地位與父親的教育二者的影響。女生方面却只有受到父親職業地位的影響，父親的教育對女生的預期職業地位是沒有統計的顯著性關聯。

如就不同學院的學生而言，文法及理工學院學生的預期職業地位都受到父親職業地位的影響。此外，文法學院學生的預期職業地位與學業成績也有統計的顯著關聯。理工學院學生的預期職業地位與學業成績沒有關聯。在商學院及夜間部學生的預期職業地位與所有的自變項（包括個體因素、結構性因素、及社會心理因素）之間，都沒有統計的顯著關聯。也就是說：個體因素、結構性因素，以及社會心理因素對預期職業地位都看不出有任何影響。何以如此，值得深一層加以探討。

如就決定係數（R^2）及決定係數之校正值來觀察，樣本全部、男生、女生、文法及理工學院學生的材料，由於 R^2 值不等於零，所以樣本材料對廻歸模型有相當大的適合程度。商學院及夜間部學生的材料，對於廻歸模型則頗不適合。就決定係數之校正值觀察，廻歸模型配合母全體的程度也是如此。

4. 跋蹊分析：

根據複廻歸分析的結果，假定諸自變項與應變項之間有因果關係，進行跋蹊分析用以證驗不同的因果模型。首先以個體因素（父之教育及父之職業）及結構因素（宗教信仰及社區性質）爲自變項，聯考志願差距指數爲應變項，進行複廻歸分析求得標準化廻歸係數及殘差（與誤差）係數。在這個因果模型中，四個自變項對應變項變異量未能解釋的部份約爲百分之九十八不到（請見圖 6-1）。

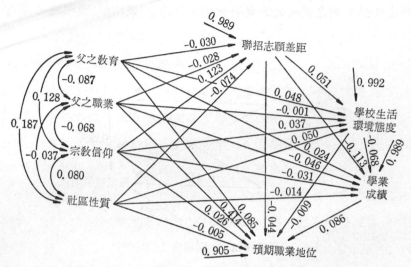

圖 6-1 跋蹊模型一

次則以學校生活環境態度爲應變項，上述五個變項爲自變項，進行跋蹊分析，殘差（及誤差）係數爲點九九二。五個自變項對應變項變異量未能解釋的部份爲百分之九十八強。

再次，以學業成績爲應變項，上述六個變項爲自變項進行跋蹊分析，殘差（及誤差）係數爲點九八九。六個自變項對應變項變異量未能解釋的部份爲百分之九十八弱。

第四個因果模型則以預期職業地位爲應變項，上述七個變項都列爲自變項。跋蹊分析的結果顯示，殘差（及誤差）係數爲點九零五。七個自變項對應變項預期職業地位變異量未能解釋的部份爲百分之八十二。這個結果頗近似另一個實徵性研究的部份結果（許嘉猷，1982b：

288)。

　不過這樣龐大複雜的因果模型，看起來似乎是虛有其表，只是把變項緊緊地壓縮到模型之中。多數變項之間的廻歸係數不具統計上的顯著性關聯。實在有過度認定之嫌。筆者乃將跋蹊圖 6-1 加以化約，就標準化廻歸係數之值較大的變項，提出第二種因果模型（跋蹊圖 6-2）。

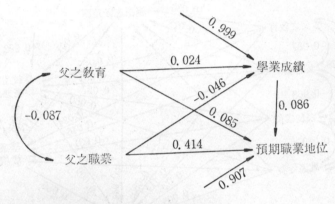

圖 6-2 跋蹊模型二

　此一因果模型首先以學業成績為應變項，出身背景為父之教育及父之職業作為自變項進行廻歸分析，得標準化後之廻歸係數，計算殘差（包括誤差）係數為點九九九；兩個自變項對應變項變異量未能解釋的部份近於點九九八。再以預期職業地位為應變項，仍以出身背景父親教育及父親職業為自變項，並以學業成績為中介變項進行廻歸分析，得標準化之廻歸係數再計算誤差（包括誤差）係數為點九零七，與跋蹊模型一之結果相近，在模型之中，三個自變項對應變項之變異量未能解釋的部份為百分之八十二強。這個模型的問題須從自變項與應變項之間的線性關係來看。自變項父之教育及父之職業與應變項學業成績二者之間有無統計的顯著性關聯？根據廻歸分析的結果，答案是否定的。而且決定係數 $R^2 = 0.00198$；如 $R^2 = 0$，則自變項與應

表 6-6 跋蹊模型二之相關係數分解

應變項	自變項	直接影響	間接影響	全部影響	未分析影響	虛假相同	相關係數
學業成績	父之教育	0.024	0.004	0.028		0.008	0.020
	父之職業	-0.046	-0.002	-0.048		-0.007	-0.041
預期職業地位	父之教育	0.085	-0.032	0.053		0.002	0.051
	父之職業	0.414	-0.363	0.051	0.352		0.403
	學業成績	0.086	-	0.086		-0.015	0.071

變項之間無線性關聯。再從表 6-6 跋蹊模型二之相關係數之分解來看，
跋蹊分析中所顯示的直接影響、間接影響，二者造成的全部影響；與變
項之間的相關係數，其間皆有差額，或者是虛假相關，或者是未分析
的影響，尤以父之職業與預期職業地位二者未分析影響部份最爲突出。

　　跋蹊模型二大致沿襲了地位取得模型之形象，不過把原來的中介
變項教育，以學業成績取而代之，這個模型並不是一個好的模型。筆
者就此模型加以修正，把中介變項取消，學業成績，父之教育與父之
職業同列爲自變項，應變項仍爲預期職業地位。依表 6-4 廻歸分析之
結果，把標準化廻歸係數分別列爲相對應之跋蹊係數。爲便於閱讀起
見，父之教育編號爲變項 1，父之職業爲變項 2，學業成績爲變項 3，
預期職業地位爲變項 4（請見圖 6-3）。玆再計算變項之間相關係數

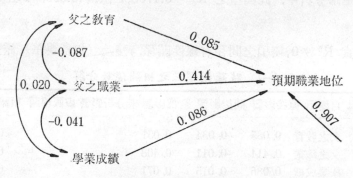

圖 6-3 跋蹊模型三

的期望值，以期瞭解此項期望值與樣本材料中各變項的相關係數是否一致，並進行跋蹊模型三相關係數之分解，以瞭解變項之間彼此影響的程度。以下爲相關係數期望值之計算步驟：

$$r_{41} = p_{41} + r_{21}p_{42} + r_{31}p_{43}$$
$$= 0.085 + (-0.0877)(0.414) + (0.020)(0.086)$$
$$= 0.0507$$

$$r_{42} = p_{42} + r_{21}p_{41} + r_{32}p_{43}$$
$$= 0.414 + (-0.087)(0.085) + (-0.041)(0.086)$$
$$= 0.4031$$

$$r_{43} = p_{43} + r_{32}p_{42} + r_{31}p_{41}$$
$$= 0.086 + (-0.041)(0.414) + (0.020)(0.085)$$
$$= 0.0707$$

$$r_{44} = r_{41}p_{41} + r_{42}p_{42} + r_{43}p_{43} + p_4u^2$$
$$= (0.051)(0.085) + (0.403)(0.414) + (0.071)(0.086) + (0.807)^2$$
$$= 0.9999 = 1.000$$

以上各變項之間的相關係數期望值與表 6-3 所列之相關係數頗稱一致。在廻歸分析中，此模型之 $R^2 = 0.1768$，F值爲40.090，F達顯著水準。

證實 $R^2 \neq 0$，變項之間存有線性關係，殘差（包括誤差）係數爲

表 6-7 跋蹊模型三之相關係數分解

應變項	自變項	直接影響	間接影響	全部影響	未分析影響	虛假相關	相關係數
預期職業地位	父之教育	0.085	-0.034	0.051	-	-	0.051
	父之職業	0.414	-0.011	0.403	-	-	0.403
	學業成績	0.086	-0.015	0.071	-	-	0.071

點九零七，自變項對應變項變異量未能解釋部份為百分之八十二，與
跋蹊模型一以及跋蹊模型二結果一致。

由表 6-7 所列數字可見：三個自變項對應變項各有直接影響，也
有間接影響，此兩部份合起來所生的全部影響與三個相關係數各皆相
等；既無未分析的影響，也無虛假相關。這個因果模型可以說明三個
自變項與應變項之間關聯的方向及其間如何關聯。就這個研究所據之
樣本來說，地位取得模型以學業成績取代教育變項並不足以說明預期
職業地位之過程。其中原因不止一端，樣本誤差可能不小；量度的工
具在信度方面也令人懷疑，在預設的因果模型之中未能考慮到與變應
項有關的其他變項；在理論上，地位取得過程的研究，如把教育加以
控制後，需要提出更完整的模型，宜把所有的重要變項及其間的關聯
程度通盤加以考慮。

五、結語與討論

職業地位取得模型為研究社會階層與社會易動之主要範型；隨後
有人重視社會化理論，在模型之中增列了與學校環境及個人能力等因
素。本文則依循此二理論，以在學之大學生為研究樣本，冀將教育因
素視為相等，把教育加以控制之後，除出身變項之外，結構方面的因
素，學校環境有關的因素，以及個人的因素等，如何影響到預期職業
地位之取得。

研究雖係進行第二手材料之分析（Secondary Analysis），但不
失為有用之材料。樣本大小為五百六十四位男女，各學院之大學生。
進行單變項及雙變項分析，明瞭樣本之性質及諸變項之間的關聯程
度。就個體的變項與結構的變項進行複廻歸分析，再據以進行跋蹊分

析。結果發現這個樣本的材料還不能適用於職業地位取得模型。結構性因素與預期職業地位之間沒有統計的顯著關聯；學校生活環境的心理因素與預期職業地位之間也無統計的顯著關聯。只有父親教育、父親職業及學業成績三者與預期職業地位之間有不等程度的關聯，而且其間也存有因果關係，形成一個因果模型。其中，父親職業與預期職業地位之間有較強的相關，很可能是由於兩代之間有種極強烈的認同作用所致。不過，仍需進一步深入研究才可得到答案。另外，針對這個簡單的模型，宜進一步分析三個自變項之間的交互影響，庶可對變項之間的影響作用才會有進一步的瞭解（Mason, Wong and Entwisle）。

這個研究的樣本不夠大，而且難免有選樣誤差；研究結果之應用由於外在效度之限制，就必須十分注意。量度的工具及蒐集材料的過程，皆宜加強改正，尤以樣本中的商學院及夜間部部份爲然。理論上雖希望包括個體方面的因素，結構方面的因素及社會心理方面的因素，但仍然覺得不夠完整，其他重要的變項很可能尚未包括在模型之內。更有甚者，預期職業地位只是學生在校期間的一種企望，與畢業之後實際的職業地位一定有所差別。這個研究的結果殊不易獲得肯定。

總結說來，地位取得模型在目前已經頗有補充與增修，有些新的發展趨勢。第一、在分析方法方面，由易動表、複廻歸分析及跋蹊分析已引用了對數線性模型，在方法上大有進展（蔡淑鈴，1986）。第二、在應用的材料方面更廣濶而充實，亦可進行不同社會之比較研究（Kerckhoff:147-48）。第三、地位取得模型之研究歷來只偏重在個體的因素，近來則已引進結構性因素。不過，個體因素或結構性因素，二者之中，何者重要，二者如何交互影響，尚無定論（Mason, Wong and Entwisle, 1984）。

　　在社會階層與社會易動的研究領域中，地位取得過程僅爲其中之一部份。在整個理論與概念之釐清、量度方法之精進與一致，新的統計方法之引用，尚有待在這一方面有興趣的人，共同努力。

附　註

(1)社會易動係 Social Mobility 之中譯，通常沿用社會流動一詞。唯空間方面的移動，爲時久者，則爲遷移；如指人口集體遷移，流動一詞更較確當。社會易動指社會地位之變易，由於地位改變，權利與義務也隨之而變。社會易動之集體流動不多，且常爲個體方面的現象，故以社會易動取代社會流動較宜。

(2)跋蹊分析爲 Path Analysis 之中譯。一般中譯頗多歧異，如因果分析，途徑分析，因徑分析，路徑分析等等。跋蹊爲 Path 之音譯；蹊爲草叢中之小徑。跋涉二字常連用，但意不同。涉指在水面行走，跋指在地面行走。跋蹊指在草叢中尋找通路之謂。跋蹊分析指在預設之因果模型中尋求可通行之途徑，用以證驗因果模型能否成立。

(3)大學院校名稱姑隱之，A，B，C等爲代號。

(4)學校生活環境態度量表是依黎克特（Likert）態度量表編製方法編製而成。八個項目是：這一學期居住處所，最喜歡的居住處所，對公車的服務態度，對餐廳食物的滿意程度，這一學期對圖書館利用的情況，對教學設施的滿意程度，對過去的回顧（過去比現在好，還是壞），對未來的展望（將來比現在好，還是壞）。八個項目依單雙數分列爲甲乙二表，相關係數是 0.834。依公式計算得折半信度係數：

$$r_{xx} = 2r_{hh}/(1+r_{hh})$$
$$= 0.901$$

(5)參閱: K. Svalastoga, "Social Mobility: The Western European Model," *Acta Sociologica* 9:175–82, 1965.

註

七 家庭與學校對預期職業地位之影響

一、前　言

　　工業發達的社會科技發展，社會分工精密，創造了新的就業機會。在社會階層化的過程中，社會階層的上層不斷擴張，產生新的機會與空間，等待有人遞補。第一類產業人口相對減少，社會階層低層稍現萎縮。第二類及第三類產業人口相對增加，白領工作者及中產階層人口日見加多。人口中又有差別生育情況，出身家庭背景不同，對社會地位之競爭能力，強弱有別。而且外來移民入境，可能進入日見萎縮的低層社會階層之中。基於這些因素，社會地位及經濟不平等的程度會一代一代地持續下去。不過，在今日工業社會，由於社會與經濟發展，教育制度的強化，政治參與機會的開放，在在提供了每人在階層地位中上昇的機會，這是無庸置疑的事實。目前的臺灣，也是如此。白領受僱者，技術性及專業性的以及服務業的就業機會日益增多，急需接受了高等教育的人去充任這類工作職位。所以，只要接受了高等教育即可獲得與教育程度相符的社會地位，躋身於中產階層。這種趨勢既是社會易動的結果，也可以說是促成社會易動的原因，近時的我國社會，社會組織益趨分歧，分工更見精密，個人的地位轉移，階層地位的易動，紛至沓來。科技日精，資源日富，生活水準之提升，經濟收入之平均，至盆可能。均富社會，貧富差距不顯，社會地位率皆歸爲中產者。由於這種趨勢，針對我國社會易動的過程，加以瞭解，不爲無因。在我國社會個人出身背景如何影響職業地位？學校環境如何影響職業地位？二者之中何者影響較大？對男女性別之間的影響是否相同？這些都是需要瞭解的問題，也是社會階層化過程中，研究地位取得的重要課題之一。

二、理論與假設

社會階層化的過程中，個人社會地位的承傳有的是由於先天生就的因素之影響，有的是由於後天成就的因素之影響。父之職業地位直接影響子之職業地位，親代之收入直接影響子代之收入；身世背景因出生家世富裕與否，因之而定。子女之職業地位不由上代承傳，而是由於自己之努力爭取而得。在今日工業社會下一代之社會地位多由後天之努力，在社會化的過程中取得異於上一代之社會地位。近廿年以來，社會學上對近代工業社會地位取得之研究，卓有成就。他們提出地位取得模型，用以瞭解個人出身與成就之間的關係 (Blau and Duncan, 1967)。研究者提出兩個問題：出身（父之職業）如何影響地位（子之職業）？另外還有那些因素影響地位取得，這些因素如何影響地位取得？針對這兩個問題進行研究，在方法上應用了廻歸分析及跋蹊分析 (Path Analysis)，視地位取得係一種多重變項的因果過程。在因果模型中包含了父子兩代的職業地位，父子兩代的教育，以及子代的第一個職業地位。研究結果指出父代職業地位對子之職業地位的影響主要是透過中介性的教育這個變項，才得以顯現出來。

沿用這種研究手法又引發了更多的人進行地位取得有關的各項研

究。依據地位取得模型，引進更多的變項，深入探討地位取得的過程
(Sewell, Haller, and Portes, 1969; Sewell, et al., 1970; Sewell
and Hauser, 1972, 1975; Duncan, et al., 1972; Alexander, Eck-
land, and Griffin, 1975)。這些研究除指出父代的職業地位如何影
響子代的教育及職業地位之外，引進更多的變項，諸如社會心理方面
的個人野心，別人對自己之殷切期望，個人之期許，智力，家庭人數
等如何影響到社會經濟地位之獲得。這種引申更可說明父子兩代職業
地位的承傳過程，對地位取得過程更具有解釋力。透過家庭，透過學
校，家人父子，師生同學之間，進行社會化過程，有形無形之間個人
學到上進的動機與向上的技巧，個人也學習到成功是一種社會價值，
進而不斷努力，在地位獲得的過程中，逐步地達成地位上昇的心願。
這類研究大致根據早期的地位取得模型再加增補修正而來，指出個人
追求成功的價值觀念是在社會化的過程中學習而來的 (Duncan, Fe-
atherman, and Duncan, 1972; Sewell and Hauser, 1975; Fe-
atherman, and Hauser, 1978)。又有人以地位取得模型為基準又
引進個人在校成績，社區性質，以及種族等因素。這種趨勢說明：對
於地位取得之研究除了個人的因素之外，也注意到結構性因素 (Bi-
elly, 1981; Kerckhoff, 1984)。但是種族與性別等，則又涉及生就
的先天性因素了。

　　歷來社會學上以地位取得模型為實徵研究之基礎對美國社會的階
層化提出假設，說明社會工業化程度與社會易動的關聯 (Feather-
man, 1978: 13; Treiman, 1970: 221)。一個社會愈工業化，父之
職業地位對子之職業地位直接影響愈小。一個社會愈工業化，教育對
職業地位之直接影響愈大。一個社會愈工業化，父母地位對子之教育
成就影響愈小。一個社會愈工業化，社會易動率愈高。一個社會愈工

業化，職業地位對收入之直接影響愈強，但是教育對收入之直接影響反而愈小，也可以說，教育與收入之相關程度愈小。當年布勞及鄧肯所提出的地位取得模型可以說明上一代與下一代之間地位承傳的因果關係，教育對地位取得之重要，職業與教育、職業與收入之間的關係；並且可以進一步指出其間的影響是直接的影響還是間接的影響。

父親的職業地位固可影響兒子的教育及職業地位，另外在家庭中，父母透過不同管道對下一代賦予一些殷切的盼望與企求，希望下一代出人頭地。諸如此類對成功的要求，對高的社會地位的期許，在地位承傳的過程中都有重要影響 (Knottnerus: 116)。家庭之外，學校教育環境在地位取得過程中也有重大影響。個人智力及在校的學業成績，同學之間的切磋鼓勵，師長的讚許，歌頌成功的社會價值觀，都會增強個人上進的動機。在學校與同學與老師的交往中，由於別人對自己的評價，自己對自己的潛力也自行評價，別人的期許讚美提升了上進的野心，也加強了對高社會地位的企求與慾望。

以上各點，說明家庭與學校在地位取得過程中，都有重要影響。在目前我國社會，對在學的大學生來說，家庭背景如何影響他們的未來職業地位？學校教育環境又如何影響他們的未來職業地位？這些也就是本文所欲瞭解的主要問題。玆特先提出三個假設，依實徵材料，逐一檢證。家庭背景指家庭的社經地位，以家長的教育、職業及收入為指標。也有人重視家長利用各種可能提供的資源，造成子女在家庭中之學習環境，諸如購置書籍、字典，訂閱報紙雜誌，有固定的讀書處所，誘導子女一心向學，切望他們繼續升學，達成更高大的成就 (Teachman: 548)。根據研究指出，父母提供社會的及物質的各種資源，支援子女接受教育；父母學歷較高，職業地位高，收入較豐，可能有更高的能力與動機，對子女提供更多的教育資源，有益於子女在教育方面的發展。家庭提供之資源愈多，直接影響到子女的教育成就。

假設一，家庭提供之教育資源，對就學大學子女的學業成就及預期的職業地位對女生有較大的影響；對大學男生的影響較小。

在傳統社會以男性爲中心，教育制度也以男性爲主。當時社會上對男性的教育成就比較重視，家長對兒子的教育比對女兒的教育也就更爲重視，對兒子給以更多的受教育的機會，予以更多的鼓勵與期許，對女兒則反是。在現代社會對女性的教育也同樣受到與男子一樣的重視。家庭對女兒也可能在傳統的女性角色之外，尋求家庭之外的事業與成就。於是更多的女性進入大學，學習專業知識，追求自己的事業與地位。如此，家長對女兒教育的期許增高，家庭提供的資源對女兒的教育成就，較兒子而言，有更大的直接影響。同樣的，由於女生對教育的企求加強，要求接受更多的教育充任現代社會非傳統的女性角色。所以學校教育環境對大學女生的學業成就及預期職業地位有更大的直接影響。對大學男生而言，家庭背景與學校教育環境或許透過其他因素對大學男生的學業成就及預期職業地位比較大學女生有更大的間接影響。

假設二，學校教育環境對大學女生的學業成就與預期職業地位有較大的直接影響；對大學男生的學業成就與預期職業地位則有較大的間接影響。

不同的家庭背景對子女的教育成就及預期職業地位產生不同的作用。家庭經社地位不同，對子女提供之學習環境不同。家庭中之適當學習環境對較年幼之兒童影響較大，對多數中學以上的學生而言，就顯得愈不重要。有志升大學的高初中學生，多數離開家鄉到遠地的中學就讀。進入大學之後則離家更遠。除了都市地區的學生外，一般來說，從小學、國中、高中到大學，就學的層次愈高，離開家鄉的距離也就愈遠。家庭本身以及家庭背景等因素對子女在求學的過程中所發生的直接影響也就愈小。子女早期就學階段，所受家庭提供的資源以及環境的影響，與較晚期的就學階段，所受到的影響不同。子女年齡逐漸長大，家庭的影響是否愈來愈不重要？學校的影響反而愈來愈重要？這是很有興趣的問題。子女年齡逐漸增大，學歷由中學而大學，距離家庭愈來愈遠，離開家庭到遠地就學，家庭提供之教育資源的直接影響可能逐漸遞減，甚至消失（Teachman：549）。但是學校的環境對大學男生女生的直接影響却日見重要。

假設三，家庭背景對大學男女生的學業成就及預期職業地位的影響，因在校期間愈長而遞減。學校環境的影響則見增強，對 男 生 而言，尤其如此。

三、分析方法、材料及變項之量度

本文應用之分析方法首為複廻歸分析，二為跋蹊分析及線性結構方程之應用，三為作用分析（Effect Analysis），依跋蹊模型，瞭解先設變項對應變項之直接作用與間接作用。複廻歸分析是用以預測應變項與其他先設變項（自變項）之間的關聯程度。大學生的學業成就受到那些因素的影響？預期職業地位又受到那些因素的影響？可否根據先設變項來預測學業成就？或預期職業地位？作者用複廻歸模型去檢證第一個假設。

跋蹊分析是用以瞭解諸變項之間因果模型的一種分析方法。這個因果模型是導源於理論，從理論中推衍而得，而不是從因果模型獲得理論（Pedhazur：632）。近來則以結構方程模型（Structural Equation Models) 作爲分析因果模型的總稱 (Pedhazur: 637)。爲了針對非實驗性的研究，應用統計方法取代實驗控制，幷進 行 因 果 分析。理論模型之中包含了非直接可觀察的變項，而是潛隱性的更爲抽象的概念。此類模型以數學的模型表現出來，呈現了互有交錯影響的結構方程模型；根據這類特性進行特殊的統計方法。作者應用這類分析所得之結構係數，再進行作用分析，用以檢證假設二及假設三。

　　爲了檢證上述之三個假設，依據實地蒐集的材料，依大學男生與大學女生，分別進行複廻歸分析，比較男女二組之間不同變項的結構係數，來檢證假設一。次則應用結構方程模型及跋蹼模型，就男生女生二組，分別進行作用分析，觀察有關變項之間的直接作用與間接作用，用以檢證假設二。再則就男生女生二組，依不同年級再 分 爲 四組，顯示在校期間長短不同而生之差異；比較作用係數，用以檢證假設三。以下說明這個研究的樣本以及材料中諸變項之量度方法。

　　這個研究應用之材料係民國七十一年作者及幾位社會學研究生進行「大學生活社會指標研究計劃」之材料。初是以立意選樣選定中部某大學之學生爲研究對象。當時此大學共有學生七千二百餘人，其中男生爲百分之五十六，女生爲百分之四十四。假定選樣誤差爲百分之四時，用簡單隨機選樣，樣本大小約爲五百五十人。如設定選樣誤差爲百分之三時，樣本大小則爲九百廿人。嗣經決定選樣誤差爲百分之三點五，可信水準爲百分之五時，樣本大小爲七百人。並確定以班級爲選樣單位，先以學院分層，再依各學系班級分別編號，以隨機方法進行叢集選樣 (Cluster Sampling)，選出十二個班級，每班約六十人，樣本大小爲七百廿人。由社研所學生分赴各班級上課處所，商得任課教師同意，進行集體訪問，每次訪問用時約廿分鐘。全部問卷經收回檢查後，塡答完備者有五百六十份，完成率達百分之八十以上。

母全體大小為七千二百人，選樣誤差為百分之四，可信水準為百分之五，樣本大小為五百六十四人，研究結果之外在效度大致可以認定。不過由於選樣之初採用立意選樣，研究結果尚難推論及全國之大學生。研究結果之評定除選樣方法，選樣誤差之外，也需考慮反應誤差以及量度方面之誤差。因此，變項之量度方法值得加以說明。

　　這個研究所涉及的主要變項的量度方法分別縷陳如下：

V 1.籍　　貫：本省籍代碼為零，其他省籍代碼為1。

V 2.都市化程度：指居住較久之地區，都市化程度指該地區非農業就業人口佔全部就業人口之比率。全省各地最低者 0.50,最高者為 99.4。

V 3.宗教信仰：依填答之宗教信仰類別，轉化為標準常態分配的標準偏差分數（Normal Deviates），求得不同宗教之權數，作為宗教類別之量化指標(Schuessler：321; 黃榮村：383)。不同宗教信仰之權數如下：

　　　　　　8　基督教,
　　　　　　7　天主教,
　　　　　　6　佛教,
　　　　　　4　無宗教,
　　　　　　2　民間宗教,
　　　　　　1　其他,
　　　　　　0　未回答。

V 4.父親教育：父親教育程度約略與上學年數相當：

　　　　　　16　大專及大專以上,
　　　　　　12　高中或高職,
　　　　　　9　初中或初職,

6　小學,

3　識字或私塾,

0　不識字。

V 5. 父親職業: 表示職業地位, 依填答之職業, 參照國際職業聲望量表計分 (許嘉猷, 1982b: 274):

64　專門性或技術工作,

58　行政及/或主管人員,

55　監督及/或佐理人員,

50　買賣工作人員,

47　服務性, 交通運輸業工作人員,

40　生產及技術性工作人員,

38　農林漁牧業工作人員,

35　非技術性及體力勞動工作人員。

V 6. 兄妹人數: 填答之兄弟姊妹人數。

V 7. 生活費用: 平均每月日常生活費用 (新臺幣千元)。

V 8. 學業成績: 上學期學業總平均分數。

V 9. 聯招志願: 填答報考大專聯招之第一志願學校與錄取學校二者之間的差異分數比率。表示志願與能力之差距, 聯招志願比率愈小, 表示志願與能力之差距大, 所受之挫折感也大。此項比率極大值爲一百, 極小值爲十九, 平均爲四十六, 標準差爲三十二。

V 10. 物質環境與

V 11. 教學設施: 針對學校生活環境之滿意程度的表示。此二變項原來有八個問題, 依五點尺度, 請填答問卷者圈選滿意或不滿意的態度, 進行因子分析得兩個因子, 一

爲對學校物質環境的滿意程度，二爲對學校敎學設
施的滿意程度。根據因子得分係數計算樣本中每人
之因子得分。再與其他變項進一步作統計分析。

V 12. 預期職業：指大學生畢業後預期的職業。職業地位代碼與 V 5.
相同，表示期望獲得之職業地位。

V 13. 進修計劃：大學畢業後有無進修計劃，有進修計劃者代碼爲1.
無進修計劃者代碼爲 0。

V 14. 性　　別：男生代碼爲1，女生代碼爲0。

V 15. 年　　級：分四個年級，代碼分別爲 1, 2, 3, 4; 夜間部五年
級，代碼爲 5。

四、結果與解說

就樣本中不同性別、男生女生二組，分別進行複廻歸分析。依複
廻歸方式中之結構係數 (Structural Coefficients) 檢視諸先設變
項對應變項之關聯程度，顯示出當先設變項變動時，應變項預期變動
的幅度 (Pedhazur：583)，因之可知諸先設變項對敎學設施之滿意程
度，學業成績、進修計劃以及預期職業地位之間的關聯程度。表 7-1
及表 7-2 列出複廻歸分析之結果，依據先設變項對應變項之結構係
數，指出女生組與男生組其間之異同。

就女生而言(表7-1)，學業成績與宗敎信仰及生活費用有較大的關
聯。大致上說，生活費用每多一千元時，學業成績預期有零點三的增
加。宗敎信仰方面，塡答民間信仰者，學業成績有較高的趨勢。對男
生而言(表7-2)，學業成績沒有受到其他變項的顯著影響。就聯招志願
指數而言，女生方面，本省籍者第一志願與現在就讀之學校之差距分

表 7-1　預期職業模型之結構係數：女生

先設變項	應		項			
	學業成績 V 8	聯招志願 V 9	物質環境 V 10	教學設施 V 11	預期職業 V 12	進修計劃 V 13
V1 籍　　貫	-.621 (.726)	-3.333* (3.613)	.182* (.122)	-.099* (.093)	1.923* (1.151)	-.037 (.057)
V2 都市化程度	-.001 (.020)	.012 (.102)	.005* (.003)	.001 (.003)	-.022 (.032)	-.002* (.002)
V3 宗教信仰	-.536** (.240)	2.623** (1.208)	.025 (.041)	.052* (.031)	.048 (.388)	.-011 (.019)
V4 父親教育	.082 (.116)	-.948* (.578)	.039** (.020)	-.023* (.015)	.172 (.186)	-.024* (.009)
V5 父親職業	.002 (.43)	-.050 (.215)	.011* (.007)	.003 (.005)	.470** (.068)	.001 (.004)
V6 兄妹人數	-.223 (.300)	-2.588** (1.495)	-.087* (.051)	-.042* (.039)	-.544* (.479)	.050* (.024)
V7 生活費用	.033* (.034)	.210* (.167)	-.003 (.006)	.005* (.004)	.012 (.053)	-.005* (.003)
V8 學業成績		-.736** (.324)	-.021** (.011)	-.029** (.008)	-.102 (.107)	-.011* (.005)
V9 聯招志願			.001 (.002)	.003* (.002)	-.016 (.021)	.002* (.001)
V10 物質環境				-.042 (.050)	-.711* (.614)	-.049* (.030)
V11 教學設施					-.582 (.807)	.013 (.040)
V12 預期職業						.001 (.003)
Const.	75.098	105.644	5.736	4.173	41.944	2.792
R squr.	.031	.071	.092	.110	.203	.140

註：括號內係標準誤。

＊＊　結構係數係標準誤之兩倍。

＊　　結構係數係標準誤之一倍至二倍。

表 7-2 預期職業模型之結構係數：男生

先設變項	應變項					
	學業成績 V8	聯招志願 V9	物質環境 V10	教學設施 V11	預期職業 V12	進修計劃 V13
V1 籍　　貫	-.027 (.571)	.474 (3.3212)	.057* (.042)	-.158* (.108)	.046 (-.109)	.041 (-.068)
V2 都市化程度	.001 (.016)	-.232** (.088)	.060 (.072)	-.008** (.003)	.048 (.071)	.042 (-.135)
V3 宗教信仰	.003 (.210)	2.883** (1.181)	.059** (-.019)	.065* (.040)	.048 (.054)	.042 (-.058)
V4 父親教育	.037 (.084)	.278 (.474)	.058 (.118)	-.026* (.016)	.047 (.084)	.042 (-.211)
V5 父親職業	-.009 (.029)	-.117 (.163)	.057 (-.065)	.001 (.005)	.046 (.592)	.048 (.094)
V6 兄妹人數	-.181 (.235)	.083 (1.324)	.057 (-.065)	.004 (.044)	.046** (-.015)	.041 (.072)
V7 生活費用	-.002 (.028)	.016 (.158)	.056 (.082)	-.009* (.005)	.045 (-.069)	.041 (-.113)
V8 學業成績		-.642** (.138)	.056** (-.004)	.001 (.011)	.045* (.025)	.041 (-.106)
V9 聯招志願			.057** (-.007)	.001 (.002)	.046* (-.044)	.042 (.087)
V10 物質環境				.052 (.060)	.046** (.008)	.042 (-.106)
V11 教學設施					.046 (-.060)	.041 (.069)
V12 預期職業						.048** (.023)
Const.	72.415	92.114	4.081	2.117	15.277	2.484
R squr.	.003	.047	.032	.045	.383	.095

註：括號內係標準誤。

＊＊ 結構係數係標準誤之兩倍。

＊ 結構係數係標準誤之一倍至二倍。

數小，表示挫折感大。信仰基督教或天主教者與聯招志願指數頗有關聯，女生男生皆然。兄妹人數愈多者，女生的聯招志願指數愈小，對現讀之大學頗有挫折感。不論男生或女生，學業成績與聯招志願指數都有關聯。學業成績如果較高，聯招志願差距指數則小，意即志願與能力之差距大，却知奮發，爭取較好的成績。對物質環境來說，女生之中，父親教育程度高，對學校之物質環境頗感滿意；學業成績高，對物質環境則頗表不滿。男生也是如此。對學校教學設施而言，女生之中，學業成績每增高一分，對學校設施之滿意程度則降低零點三。學業成績愈高，對教學設施愈有不滿意的傾向。男生則不然。男生如是來自大都市的話，對教學設施有不滿的傾向。就預期職業地位來說，女生受父親職業地位的影響最大，次則省籍。籍貫非本省籍者，預期職業地位較高。兄妹人數愈多，預期職業地位較低。另外，對物質環境滿意程度高，預期職業地位則低。對男生而言，則正相反，對物質環境滿意程度高，預期職業地位也高。另外一點與女生不同者，男生之中兄妹人數較多，預期職業地位則高。

　　如果預測女生的學業成績時，發生正面影響的變項有父之教育、父之職業、及生活費用三者；負面影響的變項則有籍貫、都市化程度、宗教信仰以及兄妹人數四個變項。前三者為家庭經社地位的因素，可提供各種資源使子女接受大學教育。後四者則為社會性的因素。如就男生而言，有正面影響者為都市化程度、宗教信仰以及父親教育，其餘變項只有負面的作用。

　　同樣以複廻歸模型預測樣本中男女生二組之預期職業地位時，女生方面，家庭的經濟社會因素，如父之教育、父之職業、生活費用，對預期職業地位有正面影響，籍貫與宗教信仰屬於社會性變項，也有正面的作用。其餘六個變項，如學業成績、對學校環境的滿意程度等等，却有負面的影響。

就男生而言，十一個變項對預期職業地位都有正面的影響，只是學校的因素，如學業成績、聯招志願、對物質環境滿意程度等有統計的顯著水準；與家庭經社地位比較起來，所生的影響較大。

總之，根據以上各點，假設一可以獲得支持，卽是說，家庭經濟社會地位提供教育資源，對大學女生的學業成就及預期的職業地位有正面的影響，對大學男生則否。學校的環境因素對大學男生的預期職業地位可能有較大的直接的影響。

跋蹊分析（Path Analysis）是證驗因果模型的一種分析方法。進行跋蹊分析不但得知模型之中諸變項之間的因果關聯，也可以顯示變項之間的直接作用（影響）與間接作用（影響），直接作用與間接作用二者之和稱爲作用係數（Effect Coefficient）。至於變項之間相關係數之未經分析的部份以及虛假（Spurious）部份則稱之爲相關係數之非因果部份（Pedhazur: 589）。進行跋蹊分析一般用標準化的廻歸係數（B^*權數），稱作跋蹊係數，用以比較不同變項之間影響的幅度，作用的大小。唯對於不同樣本之間進行比較則用迴歸係數，稱之爲跋蹊廻歸係數，或稱之爲結構係數。本文係依據地位取得模型，提出一個跋蹊模型（見圖 7-1），顯示各個先設變項與預期職業地位之間的因果關係。首先應用線性結構關係（LISREL）模型進行分析，求得結構係數（如圖中所示者），表示諸變項之間的直接影響（或稱直接作用）。進行 LISREL 分析同時，計算得變項之間的作用係數，如表 7-3 所列。作用係數是指變項之間的全部影響（直接作用與間接作用之和）。由表所示，可知父親教育程度對大學生之學業成績有負面影響，父親教育程度低者，子女在校成績較高，反之亦然。父親職業地位對子女預期職業，地位有較高的正面作用。其他的研究亦有類似的結果

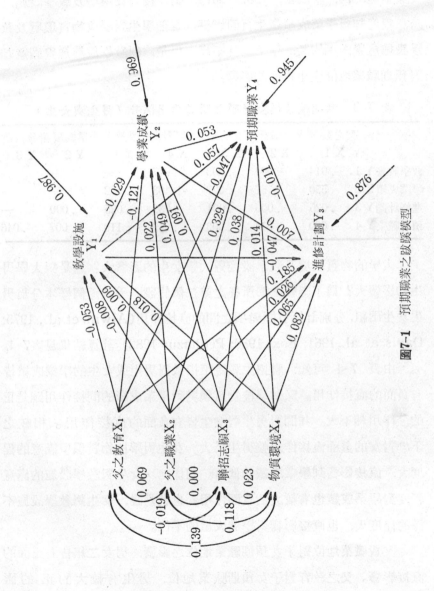

圖7-1　預期職業之路徑模型

（陳宇嘉：74；席汝楫，1987：307）。對學校物質環境及教學設施之滿意程度却對學業成績產生負面影響，意卽學生對學校物質環境及教學設施愈覺滿意的話，學業成就不高。但是，對教學設施愈覺滿意却對預期職業地位產生正面的影響。

表 7-3　預期職業模型變項之間的作用係數（男生與女生）

	父之教育 X 1	父之職業 X 2	聯招志願 X 3	物質環境 X 4	教學設施 Y 1	學業成績 Y 2	進修計劃 Y 3
教學設施 Y 1	-.014	-.004	.003	.017	—	—	—
學業成績 Y 2	-.550	.167	-.027	-1.463	-.502	—	—
進修計劃 Y 3	.025	.006	-.001	.039	-.025	.000	—
預期職業 Y 4	-.029	.314	.003	.019	.119	.007	-.046

　　大學的物質環境及教學設施對大學女生的影響大？還是對大學男生的影響大？為了證驗上節所提之第二個假設，爰就這個樣本分為男生女生兩組，分別計算有關變項之間的直接作用（Alwin, et al., 1975; Davis. et al.,1961; Fox, 1980; Pedhazur 1982）。計算結果見表7-4。

　　由表 7-4 可知：聯招志願差距指數對男生或女生的學業成績皆有負面的直接作用。又知學校物質環境對學業成績的間接作用雖是正的，作用却不大。其間對男生對女生皆有負面的直接作用。相較之下，對女的負面直接作用較男生為大。女生對學校物質環境滿意的程度大，直接影響到學業成績的低落。同樣地，女生對教學設施的滿意程度對學業成績也有較大的負面作用。也就是說，女生對教學設施不滿的程度大，也直接影響對學業成績的不佳。

　　父親職業地位對子女預期職業地位之影響，男女二組皆有正面的直接影響。父之教育對子女預期職業地位，男生有較大的正的影響，女生却有負的直接影響。學校物質環境對子女預期職業地位對男生女生皆有正面的直接作用。教學設施滿意程度對預期職業地位，男

表 7-4　先設變項對學業成績、進修計劃、及預期職業作用係數之分解

	男生				女生			
	直接作用	間接作用	作用係數	比率	直接作用	間接作用	作用係數	比率
學業成績 Y2								
父之教育 X1	.044	.000	.044	1.00	.039	.026	.065	0.60
父之職業 X2	-.014	.000	-.014	-1.00	-.012	.005	-.007	-1.71
聯招志願 X3	-.020	.000	-.020	-1.00	-.028	-.007	-.035	-0.80
物質環境 X4	-.055	.001	-.054	-1.02	-.769	.023	-.746	-1.03
教學設施 Y1	.036	—	.036	1.02	-1.642	—	-1.642	-1.00
進修計劃 Y3								
父之教育 X1	-.026	.000	-.026	-1.00	.024	—	.024	1.00
父之職業 X2	.004	.000	.004	1.00	-.001	—	-.001	-1.00
聯招志願 X3	.001	.000	.001	1.00	-.001	—	-.001	-1.00
物質環境 X4	-.035	.001	-.034	-1.03	.047	-.009	.038	1.24
教學設施 Y1	.018	—	.018	1.00	-.005	-.018	-.025	0.22
學業成績 Y2	-.008	—	-.008	-1.00	.011	—	.011	1.00
預期職業 Y4								
父之教育 X1	.206	.031	.237	0.87	-.038	.004	-.034	-1.12
父之職業 X2	.626	-.005	.621	1.01	.261	-.001	.260	1.00
聯招志願 X3	-.008	-.003	-.011	0.73	.002	-.001	.001	2.00
物質環境 X4	.444	.000	.444	1.00	.173	-.032	.141	1.23
教學設施 Y1	-.729	-.011	-.740	-0.98	-.029	-.081	-.110	-0.26
學業成績 Y2	.072	.006	.078	0.92	.051	.002	.053	0.96
進修計劃 Y3	-.738	—	-.738	1.00	.148	—	.148	1.00

註：.000表示數值小於.001者

生比女生的負面直接影響更大；女生却較男生有更大的負面間接影響。在校的學業成績對預期職業地位，對男生女生皆有一點直接影響。然而對男生來說，有無進修計劃對預期職業地位有較女生大的負面影響，可能是說，男生如果沒有計劃進修，則預期之職業地位較不高。

由上所述，學校的物質設備以及教學設施對大學女生的學業成績及預期的職業地位有較大的負面直接影響，對假設二得到印證。但在男生部份的假設却只是部份地得到支持，所以還不能說，學校的物質及教學環境對男生有較大的直接影響。

家庭經濟社會地位所提供之教育資源對就學大學之子女的學業成績及預期職業地位各有不同程度的影響。學校環境的直接影響與間接影響也有差別。那麼子女在學是否因期間長短不同也會使家庭及學校的影響有所消長變化？前面所提之假設三，家庭背景對大學男女生的學業成就及預期職業地位的影響，因在校期間長而遞減，學校環境的影響則遞增。這就是要驗證的命題，設定不同年份進入大學的男女學生，較先進入大學者是高年級學生，在學期間較長，離開家庭為時較久，雖然假期中有短期的返家機會，但也是暫時性的停留。樣本中的男生女生二組又依年級分組，比較不同年級之間，家庭背景（父之教育及父之職業地位）與學校環境（對學校物質設備滿意程度及對教學設施滿意程度）對學業成績及對預期職業地位之影響的消長情形，影響之強弱亦依直接作用與間接作用之正負方向而比較之。分析結果見表 7-5 及表 7-6。

就表 7-6 觀察，男生之學業成績受到父親教育直接作用在全部作用中之比率，四年級為點八十八，三年級為一點零九，二年級為一點零八，一年級為點九九。顯示男生在校之年級愈高，離家較久，受

表 7-5 先設變項對應變項作用係數之分解：女生

	直接作用	間接作用	作用係數	比率	直接作用	間接作用	作用係數	比率
	四	年	級		三	年	級	
學業成績 Y 2								
父之教育 X 1	.292	-.017	.275	1.06	-.102	.075	-.027	-3.98
父之職業 X 2	.636	.092	.728	.87	.238	.314	.552	.43
聯招志願 X 3	.019	.004	.023	.83	-.057	-.032	-.089	-0.64
物質環境 X 4	.040	.036	.076	.53	-.784	-.064	-.848	-0.93
教學設施 Y 1	-.995	—	-.995	1.00	-3.571	—	-3.571	-1.00
預期職業 Y 4								
父之教育 X 1	-.790	-.287	-1.077	.73	-.069	.004	-.065	-1.06
父之職業 X 2	.223	-.232	-.009	-24.77	.278	.032	.310	.90
聯招志願 X 3	-.103	-.001	-.104	.99	.007	-.004	.003	2.33
物質環境 X 4	2.262	.386	2.648	.85	-.086	-.026	-.112	.77
教學設施 Y 1	-1.991	1.427	-.564	-4.66	-.427	-.060	-.487	.88
學業成績 Y 2	-.758	.072	-.686	1.10	.018	—	-.018	1.00
進修計劃 Y 3	-2.646		-2.646	1.00	-.055		-.055	1.00
	二	年	級		一	年	級	
學業成績 Y 2								
父之教育 X 1	.286	.152	.438	.65	.163	.019	.182	.90
父之職業 X 2	-.457	-.097	-.554	.82	.219	.019	.200	-1.09
聯招志願 X 3	-.014	-.024	-.038	.37	-.021	-.001	-.022	.95
物質環境 X 4	-.667	-.073	-1.294	.48	-1.392	.061	-1.331	-1.04
教學設施 Y 1	-1.975	—	-1.975	1.00	-.582	—	-.582	-1.00
預期職業 Y 4								
父之教育 X 1	-.065	.028	-.037	-1.76	-.112	.019	-.093	-1.20
父之職業 X 2	.564	.038	.602	.94	.323	-.019	.304	1.06
聯招志願 X 3	.049	-.014	.035	1.40	.001	-.001	.000	1.00
物質環境 X 4	-.774	.084	-.690	-1.21	.273	.061	.334	.82
教學設施 Y 1	-1.044	.374	-.670	-1.56	.121	.008	.129	.84
學業成績 Y 2	-.205	-.012	-.217	.95	-.017	.010	-.007	-2.43
進修計劃 Y 3	-.970	—	-.970	1.00	.572	—	.572	1.00

表 7-6 先設變項對應變項作用係數之分解：男生

	直接作用	間接作用	作用係數	比率	直接作用	間接作用	作用係數	比率
	四　年　級				三　年　級			
學業成績 Y 2								
父之教育 X 1	.358	.049	.407	.88	.173	-.015	.158	1.09
父之職業 X 2	.503	-.041	.462	1.09	.022	-.016	.006	3.67
聯招志願 X 3	.013	-.002	.001	1.18	-.005	-.001	-.004	1.25
物質環境 X 4	.008	.004	.012	.69	1.578	-.002	1.556	1.01
教學設施 Y 1	-.995	—	-.995	1.00	-.478	—	-.478	1.00
預期職業 Y 4								
父之教育 X 1	-.526	-.184	-.710	.74	-.011	.012	.001	-11.00
父之職業 X 2	-.072	-.341	-.413	.17	.482	.008	.490	.98
聯招志願 X 3	.019	-.007	.012	1.58	-.003	.001	-.002	1.50
物質環境 X 4	2.641	-.170	2.417	1.07	.284	.040	.324	.88
教學設施 Y 1	1.073	.383	1.456	.74	.246	—	.246	1.00
學業成績 Y 2	-.309	-.004	-.313	.99	.020	.004	.024	.83
進修計劃 Y 3	-2.088	—	-2.088	1.00	.227	—	.227	1.00
	二　年　級				一　年　級			
學業成績 Y 2								
父之教育 X 1	.067	-.005	.062	1.08	-.089	-.001	-.090	.99
父之職業 X 2	-.001	.001	.000	.00	-.042	.031	-.011	3.82
聯招志願 X 3	-.002	-.000	-.002	.00	-.038	.003	-.035	1.08
物質環境 X 4	-.043	.013	-.030	1.43	-1.126	.041	-1.085	1.03
教學設施 Y 1	.175	—	.175	1.00	.650	—	.650	1.00
預期職業 Y 4								
父之教育 X 1	-.032	.026	-.006	5.33	.020	.008	.028	.71
父之職業 X 2	.307	-.001	.306	1.00	.241	.025	.266	.91
聯招志願 X 3	.009	-.001	.008	1.12	.009	.004	.013	.69
物質環境 X 4	-.064	.028	-.036	1.78	-.184	.122	-.062	2.90
教學設施 Y 1	.123	-.020	.103	1.19	.394	-.048	.342	1.15
學業成績 Y 2	-.064	-.015	-.084	.76	-.058	.006	-.052	1.12
進修計劃 Y 3	-.702	—	-.702	1.00	.193	—	.193	1.00

到父親教育程度之直接影響愈弱。父親之職業地位對男生學業成績之影響也有相似的情形。除二年級男生的材料特別外，父之職業對學業成績之影響比率，四年級爲一點零九，三年級爲三點六七，一年級爲三點八二。似乎也是年級愈高，父之職業地位對子女之學業成績之直接影響愈小，有遞減的趨勢。再就表 7-6 之材料所示，男生之預期職業地位受父親教育程度以及受父親職業地位之直接影響也有遞減的趨勢。男生年級愈高，在校期間較長，離開家庭歷時較久，則受家庭背景因素之影響愈弱。

　　就表 7-5 所列女生之材料却不足以證實假設三之論點。女生之學業成績受父之教育及父之職業的直接影響，不同年級高低各不相同，看不出有任何消長的一致傾向，對預期職業地位而言，不同年級高低互見，所以不能用以支持第三個假設。

　　假設三只能就男生的材料得到部份的支持。家庭背景對大學男生的學業成就及預期職業地位的影響，離家時間久，在校時間長，則有遞減的傾向。

五、結語與討論

　　社會學上對社會階層及社會易動的研究，因社會發展之趨勢，日益重視。目前我國社會進入新興工業國家，社會分工精專，個人上昇機會日多，社會易動頻繁；而且成就地位較生就的地位更爲重要。與此現象最有關聯者厥爲上代對子女教育格外重視，然而家庭背景對子女職業地位之影響却日見趨弱。有鑑於此，作者依據社會地位取得模型，引用大學男生女生之實徵性材料，進行研究。先用複迴歸分析，次用線性結構模型及跋踄**分析**，再用作用分析把作用係數加以分解，用以瞭解大學男生女生的家庭背景及學校環境對學業成就與預期職業地位之影響。

分析結果顯示；

第一、家庭經濟社會地位對大學女生的學業成就及預期職業地位較大學男生有較大的影響。

第二、學校物質環境及教學設施對大學女生的學業成績及預期職業地位有較大的、負面的直接影響。

第三、家庭經濟社會地位（父親教育及父親職業）對大學男生的學業成就及預期職業地位的影響，因離家時間愈久，在校時間愈長，有逐漸減弱的趨向。

由於工商發展，科技進步，社會、政治、經濟各方面更見開放，創造更多新的機會。教育制度加強，人人可能接受更多教育，進而集中心力；追求更大的成就。一般而言，也只是重視物質方面的價值，只關心成功的外表面相。功利的慾求，更高的社會地位，更高的生活水準，這些都是今日工業社會的主要特點。寖漸社會階級界線混淆，階層地位劃分不清，更重要的是生活方式更趨一致性與同質性。這些也是我國社會發展的一般趨勢。社會地位取得過程研究之重要，於此可見一般。

地位取得模型一向被人認為是根據古典結構功能論而發展的。社會中的職業結構是一種權利與義務的安排，顯示了予與取的平衡關係（Knottnerus: 119）。在進行這類研究時仍有若干問題需加重視。

進行地位取得過程之研究時，個人因素的重要性應予認可。個人方面的性質，諸如能力，成就動機，以及社會心理方面的因素，至極重要。不過有些問題亟待澄清，與地位取得過程有很大關聯的心理過程能更深入地瞭解嗎？其次，社會的結構性因素不容忽視（許嘉猷，

1981)。當然近來逐漸注意到社會結構方面的因素，例如勞動市場等。不過，在地位取得過程中，個人因素及結構因素二者相對的重要性如何 (Kerckhoff, 1984)?另一個需要注意的問題是：社會經濟的新的發展如何影響社會易動的機會 (Knottnerus: 119)?一個社會中人口的差別生育率，外國移民（移入及遷出兩方面）對社會階層化有何影響？在地位之取得過程中有什麼作用？又如一旦社會發生激烈的革命，對階層結構的影響如何？這些都是值得深入研究的問題。

　　此外，在研究方法上以及分析的技術上也有更多更新的進展。除跋踄分析之外，對數線性模型及線性結構模型之應用是很好的例子。在應用的材料上，研究的範圍及地區宜更廣闊，可以進行不同群體之間的比較，甚至比較不同社會的地位取得過程及社會易動現象，冀對社會階層能有更深更廣的瞭解。

附　表

LISREL ESTIMATES FOR THE PATH MODEL IN FIGURE 7-1

PARAMETER	TSLS	ML	SS
B21	-.502	-.502	-.029
B31	-.025	-.025	-.047
B41	.121	.121	.057
B32	.000	.000	.007
B42	.007	.007	.053
B43	-.046	-.046	-.011
GA11	-.014	-.014	-.053
GA21	-.557	-.557	-.127
GA31	.025	.025	.185
GA41	-.022	-.022	-.041
GA12	-.004	-.004	-.008
GA22	.165	.165	.022
GA32	.006	.006	.026
GA42	.314	.314	.339
GA13	.003	.003	.099
GA23	-.026	-.026	.049
GA33	-.001	-.001	.065
GA43	.002	.002	.038
GA14	.017	.017	.018
GA24	-1.454	-1.454	.091
GA34	.040	.040	.082
GA44	.028	.028	.014
PHI11	13.950	13.950	1.000
PHI21	.568	.568	.069
PHI31	-2.243	-2.243	-.019
PHI41	.533	.533	.139
PHI22	4.853	4.853	1.000
PHI32	.000	.000	.000
PHI42	.267	.267	.118
PHI33	999.445	999.445	1.000
PHI43	.747	.747	.023
PHI44	1.055	1.055	1.000
PSI Y1	.908	.908	.987
PSI Y2	258.550	258.550	.969
PSI Y3	.236	.236	.945
PSI Y4	3.634	3.634	.876

參 考 文 獻

（依作者姓氏英文拼音字母先後爲序）

張曉春
1970 「市民對職業的評價與地位的認定——以臺北雙園區居民爲例」。
臺灣大學社會科學論叢 20:137～143。

張世賢
1983 「社會指標應用於政策分析與政策制定之探討」第三次社會指標硏討
會論文。臺北：中央硏究院三民主義硏究所。

張維安　王德睦
1983 「社會流動與選擇性婚姻」。
中國社會學刊 7:191～214。

陳正祥　段紀憲
1951 臺灣之人口。臺北：臺灣銀行經濟硏究室。

陳寬政
1980 「結構性社會流動影響機會分配的過程」。臺大人口學刊 4:103～125。
1982 「能力與成就的社會學考察」。中國社會學刊 6:45～64。

陳宇嘉
1983 「父子傳承：遷移與成就——臺中市硏究」。東海社會學刊 16:68～
81。

鄭興弟
1983 「社會指標與國家現代化關係之探討——我國與其他主要國家有關現
代化指標差距之比較硏究」。公共政策學報 6:34～71。

鄭爲元
1983 「糧食生產與實質生活品質：經濟依賴及第三世界國家之發展的比較
硏究」。中國社會學刊 7:35～60。

周學普譯　德人 Albrecht Wirth 1898 原作
1957 「臺灣之歷史」。臺灣經濟史六集 1～84。臺北：臺灣銀行經濟硏究室。

周碧娥
1981 「脈絡分析：美國社會學對個人行爲硏究的一個新構想」。
美國硏究 11(2～3)：39～57。
1982 「脈絡分析：以鄉村社會硏究爲例」。

頁 219～243。 瞿海源、蕭新煌編，社會學理論與方法研討會論文集，中央研究院民族學研究所專刊乙種之11。

朱岑樓主編

1981 我國社會的變遷與發展。臺北：三民書局。

瞿海源

1985 「臺灣地區職業地位主觀測量之研究」
中央研究院三民主義研究所社會科學會議論文。

費景漢

1981 觀念：三民主義思想與臺灣之經濟發展。臺北：三民主義學術研討會論文。

何友暉、廖正宏

1969 「今日中國社會職業等級評價之研究」。
臺大社會學刊 5:151～156。

席汝楫

1966 「臺灣人口的差別生育」。自由中國之工業 26(3):2～11。

1967 「大學青年對於求學及就業的態度」。
自由中國之工業 27(3):7～13。

1978 「社會發展與生活品質之衡量」。 臺北：新生報 民國六十七年五月一日、八日。

1979 「經濟發展與社會發展：不同經濟制之比較」現代人與其工業環境研討會論文 234～243。臺中：東海大學。

1981 「社會發展與經濟發展的比較分析：以我國的卓越成就為例」。刊朱岑樓編，我國社會的變遷與發展 75～102。臺北：三民書局。

1983 「臺灣地區各縣市生活環境之比較」七十二年統計學會學術研討會論文 131～152。臺北：中國統計學社。

蕭新煌

1981 「戰後美國對中華民國與南韓的援助：世界體系的分析」。中華學報 7(2):109～138。

1985 低度發展與發展——發展社會學選讀。臺北：巨流圖書公司。

蕭 蔚

1980 「比較經濟發展的社會學分析」。社會建設季刊 41,42:22～41。

許嘉猷

1981 「新結構論：社會階層研究的新方向」。
思與言 19(3):234～49。

1982a 「出身與成就: 美國人民的地位取得及其在臺灣之適用性」。頁29〜
　　　56。比較社會學: 中美社會之比較研討會論文集, 中央研究院美國文
　　　化研究所。

1982b 「出身與成就: 臺灣地區的實證研究」。
　　　頁 265〜300。陳昭南等編, 社會科學整合論文集,中央研究院三民
　　　主義研究所叢刊之九。

1982c 「世界分工、政府和經濟發展: 南韓、中華民國、香港和新加坡研
　　　的究」。臺灣大學社會學刊 15:27〜38。

徐　震

1980 臺灣地區經設發展與生活品質改善關聯性之研究。臺北: 中華民國社
　　　區發展研究訓練中心。

黃光國

1983 「多國公司的科技控制及其對策」社會文化與科技發展研討會論文。

黃大洲

1981 生活素質指標制度之研究。臺北: 行政院研究發展考核委員會。

黃榮村

1978 「量度化方法」。頁 353〜403。楊國樞等編, 社會及行為科學研究
　　　法。臺北: 東華書局。

高柏林 (Hyman Kublin)

1977 「日本殖民時期的臺灣 1895〜1945」。
　　　薛光前、朱建民主編, 近代的臺灣 229-260。臺北: 正中書局。

高棣民

1985 「東亞新興工業國對發展理論的挑戰」。
　　　蕭新煌編譯, 低度發展與發展——發展社會學選讀 9〜16。臺北:
　　　巨流圖書公司。

顧應昌

1977 「臺灣的經濟發展」。薛光前、朱建民主編, 近代的臺灣 289〜321。
　　　臺北: 正中書局。

李國鼎

1979 「開發中國家對貧窮的消除——介紹實質生活品質指數與差距縮短率,
　　　幷述我國的卓越成就」。
　　　臺北: 聯合報　民國六十八年八月十三日第二版。

李　明、趙文瑋譯

1981 社會指標導論。臺北: 明德基金會生活素質研究中心。

李明山編著

1984 資料處理與統計分析套用程式使用手冊 (QAP Version 2.0 1984)。

廖正宏

1976 「職業結構變化之研究──臺灣地區民國四十五年～六十四年」。
      農業推廣學報 2:71～103。

林清山

1980 多變項分析統計法: 社會及行為科學研究適用。臺北: 東華書局。

林生傳

1976 「影響學業成就的社會環境因素分析與探討」。高雄師院學報 4: 167～
      205。

林義男

1981 「大學學生教育態度之研究──社會地位、學業、成就與學習滿意度
      之比較」。輔導學報 4:195～219。彰化: 臺灣教育學院輔導學系。

劉若蘭　黃光國

1984 「影響職業聲望的權力因素: 研究方法學上的一項探討」。中國社會
      學刊 8:59～89。

劉本傑　雷　倩譯

1980 劉本傑「經濟成長與生活素質」。臺灣經濟 46:53～63。

1981 「從經濟學觀點看生活素質研究」。大家關心生活素質──生活素質
      短論集之二　301～317。臺北: 明德基金會生活素質研究中心。

陸　光

1980 「社會指標之介紹、製作與評估」第一次社會指標研討會論文。臺
      北: 中央研究院三民主義研究所。

孫　震

1981 「我國三十年來民生經濟建設的成就」三民主義學術研討會論文。

1987 二十一世紀我國社會教育發展的展望。臺北: 邁向二十一世紀的教育
      學術研討會　民國七十六年五月二十五日。

臺灣地區神學問題研究小組

1982 臺灣經濟發展與生活品質。臺北: 輔仁大學神學院。

蔡淑鈴

1986 「職業地位結構──臺灣地區的變遷研究」。
          頁 299～351, 瞿海源　章英華主編, 臺灣社會與文化變遷, 中央研
          究院民族學研究所專刊乙種之十六。

1987 「職業隔離現象與教育成就: 性別之比較分析」。中國社會學刊。

11:61～91。

蔡淑鈴、廖正宏、黃大洲

1986　「從社會階層化的觀點論農民階層」。
　　　中國社會學刊 10:89～113。

杜　南　莫那漢合著　聯合月刊編輯中心譯

1984　「中國的統一：評估與展望」。聯合月刊 40:123～128。

王德睦　陳宇嘉　張維安

1986　「教育結構變遷與教育機會均等」。頁 353～377。刊臺灣社會與文化
　　　變遷，瞿海源章英華編。　臺北：　中央研究院民族學研究所專刊乙種
　　　之十六。

文崇一、張曉春

1979　「職業聲望與職業對社會的實用性」
　　　臺灣人力資源會議論文。

楊國樞

1981　「生活素質的心理學觀」第一次生活素質研討會論文 12～27。
　　　臺北：明德基金會生活素質研究中心。

楊國樞、文崇一、吳聰賢、李亦園

1978　社會及行為科學研究法。
　　　臺北：東華書局。

葉啓政

1978　「因徑分析」。頁 859～905。楊國樞等編，社會及行為科學研究法。
　　　臺北：東華書局。

行政院經濟建設委員會

民國71年10月　中華民國七十一年社會福利指標。
　　　　　　　臺北：行政院經建會人力規劃小組。

人力規劃小組

1975年起歷年社會福利指標。臺北：行政院經濟建設委員會。

行政院主計處

1978年起歷年社會指標統計。臺北：行政院主計處。

民國71年7月　臺灣地區國民對家庭生活與社會環境意向調查報告。
　　　　　　　臺北：行政院主計處編印。

內政部

1971　中華民國臺閩地區人口統計。
　　　臺北：內政部編印。

生活素質研究中心

1981　中華民國社會報告——統計資料彙編。

1984　中華民國社會報告——臺灣地區國民生活素質之評估。
　　　臺北：明德基金會。

臺灣省行政長官公署統計室

1946　臺灣省五十一年來統計提要。
　　　臺北：臺灣省行政長官公署統計室編印。

BOOKS

Adelman, Irma and Cynthia A. Morris (1975). *Economic Growth and Social Equity in Developing Countries*. Stanford, Ca.: Stanford University Press.

Alexander, K. L. and B. K. Eckland (1975). "*Contextual Effects in the High School Attainment Process*: American Sociological Review", 404–416.

Andrews, Frank M. and Stephen B. Withey (1976). *Social Indicators of Well-Being*: *Americans' Perceptions of Life Quality*. New York: Plenum Press.

BMDPC (1986). *BMDPC*: *Guide to Using BMDP on the IBM PC*. Los Angeles, California: BMDPC Statistical Software, Inc.

Baker, Therese L. (1988). Doing Social Research. New York: McGraw-Hill.

Bauer, R. A. (ed.) (1966). *Social Indicators*. Cambridge, Mass.: The M. I. T. Press.

Bendix, R., and S. M. Lipset (eds.) (1953). *Class, Status and Power*: *A Reader in Social Stratification*. Glencoe, Ill: Free Press.

Bendix, R., and S. M. Lipset (eds.) (1966). *Class, Status and Power*: *Social Stratification in Comparative Perspective*. New York: Free Press.

Black, C. E. (1966). *The Dynamics of Modernization*: *A Study of Comparatory History*. New York: Harper.

Blalock, Hubert M. Jr. (1984). "*Contextual Effects Models*: *Theoretical and Methodological Issues*."Palo Alto, Ca.: Annual Review of Sociology.

Blau, Peter M. and O. D. Duncan (1967). *The American Occupation Structure*. New York: Wiley.

Boyd, L. H. and G. R. Iverson (1979). *Contextual Analysis*: *Concepts and Statistical Techniques*. Belmont, Ca.: Wadsworth.

Broom, L. and P. M. McDonnell (1977). "*Current Research on*

Social Mobility: An Inventory." 22 (1/3 1974): Current Sociology, 353-391.

Center for Quality of Life Studies (1981). *Quality of Life: A Selected Bibliography.* Taipei: Ming Teh Foundation.

Chang, Ching-fu (1986). *A Contextual Analysis of Migration and Occupational Achievement in Kaohsiung. Taiwan: Linkage between Micro-and Macro-Level Data.* UICC, Chicago: Thesis for PH. D. in Sociology, UICC.

Chirot, Daniel (1977). *Social Change in the Twentieth Century.* New York: Harcourt Brace.

Council for Economic Planning and Development (1986). *Taiwan Statistical Data Book,* 1984, 1985, 1986. Taipei, Taiwan, R. O. C.: Executive Yuan, R. O. C.

Dillon, William and Mathow Goldstein (1984). *Multivariate Analysis: Methods and Application.* New York: Wiley.

Duncan, O. D., D. L. Featherman and B. Duncan (1972). *Socioeconomic Background and Achievement.* New York: Seminar Press.

Eisenstadt, S. N. (eds.) (1970). *Reading in Social Evolution and Development.* London: Pergamon Press.

Featherman, David L., and Robert M. Hauser (1978). *Opportunity and Change.* New York: Academic Press.

Fei, John C. H., Gustav Ranis and Shirley W. Y. Kuo (1979). *Growth and Equity: The Taiwan Case.* New York: Oxford University Press.

Fox, John (1984). *Linear Statistical Models and Related Methods: With Application to Social Research.* New York: Wiley.

Fox, K. A. (1974). *Social Indicators and Social Theory: Elements of an Operational System.* New York: Wiley.

Galli, Anton (1980). *Taiwan: Economic Facts and Trends.* Munchen: West Forum Verlag.

George, Linda K. and Lucille B. Bearon (1980). *Quality of Life in Older Persons: Meaning and Measurement.* New York: Human Sciences Press.

Gold, Thomas B. (1981). *Dependent Development in Taiwan*. Harvard University, Cambridge, Ma.: Unpublished Ph. D. Dissertation.

Gold, Thomas B. (1986). *State and Society in the Taiwan Miracle*. Armond, New York: M. E. Sharpe.

Hanushek, E. A., and J. E. Jackson (1977). *Statistical Methods for Social Scienists*. New York: Academic Press.

Hill, Mary Ann (1984). *BMDP User's Diget: A Condensed Guide to the BMDP Computer Program*. Los Angeles, Ca.: BMDP Statistical Software, Inc.

Hoogvelt, Ankie M. M. (1978). *The Sociology of Developing Societies*, Second Edition. London: MacMillan.

Hopkins, Terance K., and I. Wallerstein (ed.) (1980). *Processes of the World System*. Beverly Hills: Ca. Sage Pubns.

Hsieh, Chiao-min (1964). *Taiwan-Iiha Formosa: A Georgraphy in Perspective*. London: Butterworths.

Joreskog, Karl G., and Dag Sorbom (1984). *LISREL VI-Analysis of Linear Structural Relationships by Maximum Likelihood, Instrumental Variables, and Least Squares Methoids,* Third Edition. Sweden: Department of Statistics, University of Uppsala.

Kruskal, Joseph B. and Myroe Wish (1981). *Multidimensional Scaling*. Ninth Printing. *Sage University Paper Series on Quantitative Application in the Social Sciences, Series No.* 07-011. Beverly Hills and London: Sage Publications.

Kuo, Shirley W. Y., Gustav Ranis and John C. H. Fei (1979). *The Taiwan Sussess Story: Rapid Growth with Improved Sistribution in the Republic of China, 1952-1981*. Boulder, Colorado: Westview Press.

Land, K. C. and Spilerman (ed.) (1975). *Social Indicator Models*. New York: Sage Foundation.

Lewis-Beck, Michael S. (1980). *Applied Regression: An Introduction*. Beverly Hills: Sage Pubns.

Liu, Ben-Chieh (1976). *Quality of Life Indicator in U. Metropolitan*

Areas: Statistical Analysis. New York: Praeger.

Maslow, Abraham H. (1968). *Toward a Psychology of Being.* Second Edition. New York: Van Nostrand Reinhold.

Maslow, Abraham H. (1970). *Motivation and Personality.* Second Edition. New York: Harper.

Morris, Morris David (1979). *Measuring the Condition of the World's Poor: The Physical Quality of Life Index.* New York: Pergamm.

Nachmias, David and Chava Nachmias (1987). *Research Methods in the Social Sciences,* Third Edition. New York: St. Martin's Press.

Ostrom, Charles W. Jr. (1978). *Time Series Analysis: Regression Techniques. Sage University Paper Series on Quantitative Applications in the Social Sciences, Series No.* 07-009. Beverly His: Sage Pubns.

Pedhazur, Elazar J. (1982). *Multiple Regression in Behaviorial Research: Explanation and Predication.* Second Edition. New York: Holt, RineHart and Winston.

Rabinson, Richard (ed.) (1981). *Dynamics of World Development.* Beverly Hills: Sage Pubns.

SAS Institute Inc. (1985). *SAS Introductory Guide for Personal Computers,* Version 6 Edition. Cary, NC, USA: SAS Institute Inc.

SAS Institute Inc. (1985). *SAS Language Guide for Personal Computers,* Version 6 Edition. Cary, NC, USA: SAS Institute Inc.

SAS Institute Inc. (1985). *SAS Procedures Guide for Personal Computers,* Version 6 Edition. Cary, NC, USA: SAS Institute Inc.

SAS Institute Inc. (1985). *SAS/STAT Guide for Personal Computers,* Version 6 Edition. Cary, NC, USA: SAS Institute Inc.

SPSS Inc. (1984). *SPSS/PC for the IBM PC/XT.* Chicago, Il., USA: SPSS Inc.

Schuessler, Karl (1971). *Analysing Social Data: A Statistical Orientation.* Boston: Houghton.

Sheldon, E. S., and W. E. Moore (1968). *Indicators of Social Change:*

Concepts and Measurement. New York: Russell Sage.

Snell, E. J. (1987). *Applied Statistics: A Handbook of BMDP Analyses.* London: Chapman and Hall.

Stouffer, Samuel A. (1962). *Social Research to Test Ideas–Selected Writings of Samuel A. Stouffer with an Intorduction by Paul F. Lazarsfeld.* New York: The Free Press of Glencoe.

Taylor, Charles Lewis, and Michael C. Hudon (1972). *World Handbook of Political and Social Indicators,* Second Edition. New Haven, Mass.: Yale University Press.

The World Bank (1987). *World Development Report.* New York: Oxford University.

Treiman, Donald J. (1977). *Occupational Prestige in Comparative Perspective.* New York: Academic Press.

Wallerstein, Immanuel (1974). *The Modern World System.* New York: Academic Press.

Wallerstein, Immanuel (1979). *The Capitalist World–Economy.* Cambridge: Cambridge University Press.

Wallerstein, Immanuel (1980). *The Modern World System II.* New York: Academic Press.

Wang, Charlotte Shiang-yun (1980). *"Social Mobility in Taiwan."* Paper in Social Sciences No. 80-3. *The Institute of Three Principles of the People, Academia Sinica.* Taipei, Taiwan, R. O. C.: Academia Sinica.

White, Kenneth J. and Nancy G. Horsman (1986). *Shazam: The Econometrics Computer Program,* Version 5.1. Columbia, Vancouver: Department of Economics, University of British.

Taylor, Charles Lewis (ed.) (1980). *Indicator System for Political, Economic, and Social Analysis.* Cambridge, Mass.: Oelgeschlager, Gum and Hain.

PERIODICALS

Abrahamson, Mark and Lee Sigelman (1987). *"Occupational sex segregation in metropolitan areas."* American Sociological Review 52 (5), 588-597.

Alexander, Karl L. Bruce K. Eckland and Larry J. Griffin (1975). *"The Wisconsin Model of socioeconomic achievement: A replication."* American Journal of Sociology 81 (2), 324-342.

Alexander, Karl L. and B. K. Eckland (1975). *"Contextual effects in the high school attainment process."* American Sociology Review 40, 404-416.

Alwin, Duane and Robert M. Hauser (1975). *"The decomposition of effects in path analysis."* American Sociological Review 40, 37-47.

Anderson, James G. (1973). *"Causal models and social indicators: toward the developing of social system models."* American Sociological Review 38 (3), 285-301.

Arief, Sritua (1982). *"Regional disparities in Malasia."* Dordrecht, Holland: D. Reidel: Social Indicators Research 11(3), 259-267.

Barrett, Richard E. and Martin K. Whyte (1982). *"Dependency theory and Taiwan: analysis of a deviant case."* American Journal of Sociology 87 (5), 1064-89.

Barrett, Richard E. and Martin K. Whyte (1984). *"What is dependency? Reply to Hammer."* American Journal of Sociology 89 (4), 937-940.

Blalock, Hubert M. Jr. (1984). *"Contextual-effects models: theoretical and methodological issues."* Annual Review of Sociology 10:353-72.

Bornschier, Volker, Christopher Case-Dunn and Richard Rubinson (1978). *"Cross-national evidence of the effects of foreign investment and aid on economic growth and inequality."* American Journal of Sociology 84 (3), 651-683.

Bradshaw, York W. (1985). *"Dependent development in black Africa: A cross-national study."* American Sociological Review 50 (2),

195-207.

Broom, Leonard, and Patrick McDonnell (1977). *"Current research on social mobility: An inventory."* Current Sociology 22 (1/3 1974), 353-391.

Chenery, Hollis B. (1983). *"Interaction between theory and observation in development."* World Development 11(10), 853-61.

Chirot, Daniel and Thomas D. Hall (1982). *"World-system theory."* Annual Review of Sociology 8, 81-106.

Davis, J. A., J. L. Speath and C. Huson (1961). *"A technique for analysis of the effects of group composition."* American Sociological Review 26 (2):, 215-225.

Delacroix, Jacques and Charles C. Ragin (1978). *"Modernizing institutions, mobilization, and Third World development: A cross-national study."* American Journal of Sociology 84 (1), 123-150.

Delacroix, Jacques and Charles C. Ragin (1981). *"Structural blockage: A cross-national study of economic dependency, state effecacy and underdevelopment."* American Journal of Sociology 86 (6), 1311-47.

Drewnowski, Jan (1972). *"Social indicators and welfare measurement: remarks on methodology."* J. of Development Studies 8, 77-99.

Evans, Peter B. (1981). *"Recent research on multinational corporations."* Annual Review of Sociology 7, 199-223.

Ferriss, A. L. (1965). *"Predicting Graduate Student Migration."* Social Forces 43, 310-319.

Fox, John (1980). *"Effect analysis in structural equation models: extensions and simplified methods of computation."* Sociological Methods and Research 9, 3-28.

Fu, Yang-chi (1984). *"Urban poverty in the Third World: A research agenda."* Chinese Journal of Sociology 8, 177-209.

Gerson, Elihu M. (1976). *"On quality of life."* American Sociological Review 41 (5), 793-806.

Gold, Thomas B. (1983). *"Differentiating multinational corportions:*

American, Japanese and Overseas Chinese investors in Taiwan." Chinese Journal of Sociology 7, 267-278.

Grichting, Wolfgang L. (1971). "Occupational Prestige in Taiwan." NTU Journal of Sociology 7, 67-78.

Grusky, David B. (1983). "Industrialization and the status attainment process." American Sociological Review 48, 494-505.

Grusky, David B., and Robert M. Hauser (1984). "Comparative social mobility revisted: models of convergence and divergence in 16 countries." American Sociological Review 49, 19-38.

Hammer, Heather Jo. (1984). "Comment on 'dependency theory and Taiwan: analysis of a deviant case'." American Journal of Sociology 89 (4), 032-937.

Hauser, Robert M. (1969). "School and the stratification process." American Journal of Sociology 74 (6), 587-611.

Hout, Michael and William R. Morgan (1975). "Race and sex variations in the causes of the expected attainments of high school seniors." American Journal of Sociology 81 (2), 364-394.

Hsi Ju-chi and Tsai Yun-mei (1986). "Indicator of National Development: An integrated approach and an empirical comparison." Tunghai Journal 27 (1986), 235-250.

Hsiao, Hsin-huang Michael (1980). "Social Indicator and Quality of Life: A critical Review." NTU Journal of Sociology 14, 57-80.

Kao, Charles H. C. and Ben-chieh Liu (1984). "Socioeconomic advance in the Republic of China: An intertemporal analysis of its quality of life indicators." Ame. J. of Econ. & Sociology 43 (4), 399-412.

Kerckhoff, Alan C. (1984). "The current state of social mobility research." The Sociological Quarterly 25, 139-153.

Kerckhoff, Alan C., R. T. Campball and J. M. Trott (1982). "Dimensions of educational and occupational attainment in Great Britain." American Sociological Review 47 (3), 347-364.

Knottnerus, J. David (1987). "Status Attainment research and its image of society." American Sociological Review 52 (1), 113-121.

Land, K. C. and S. Spilerman (1983). "Social Indicators." Palo

Alto, Ca.: Annual Review Inc. Annual Review of Sociology 9, 1–26.

Lin, Nan, Walter M. Ensel and John C. Vaughn (1981). *"Social resources and strength of ties: structural factors in occupational status attainment."* American Sociological Review 46, 393–405.

Liu Ben-chieh (1975). *"Quality of life: concepts, measure and results."* Am. J. of Economic & Sociology 34 (1), 1–13.

Liu Ben-chieh (1980). *"Economic growth and quality of life: A comparative indicator analysis between China (Taiwan), U.S. A. and other countres."* Am. J. of Economic & Sociology 39 (1),1–21.

Liu Ben-chieh abd Claude F. Anderson (1980). *"Quality of Life an international comparaison."* Electric Power Research Institute: EPRI Journal.

Marsh, Robert M. (1971). *"The explanation of occupational prestige hierachies."* Social Forces 50 (2), 214–222.

Mason, William M., George Y. Wong and Barbara Entwisle (1984). *"Contextual analysis throught the multilevel liner model."* Sociological Methodology 1984 (Jan.), 72–103.

Morris, Morris David (1976). *"A Physical Quality of Life Index, PQLI."* United States and World Development: Overseas Development Council.

Mukherjee, M., A. K. Ray abd C. Rajyaksmi (1979). *"Physical Quality of Life Index: Some International and Indian Application."* Dordrecht, Holland: D. Reidel: Social Indicators Research 6 (3), 283–292.

Myers, Raymon H. (1984). *"The economic transformation of the Republic of China on Taiwan."* China Quarterly 99, 500–526.

National Opinion Research Center (1947). *"Jobs and occupations: A Popular Evaluation."* Public Opinion News 9, 3–13.

Prehn, John W. (1967). *"Vertical mobility and community types as factors in the migration of college graduate."* Demography 4: 282–292.

Sewell, W. H., A. O. Haller and A. Portes (1969). *"The education and early occupation attainment process.*" American Sociological Review 34, 82–91.

Sewell, Willaim H. (1964). *"Community of residence and college plans.*" American Sociological Review 29, 24–38.

Sewell, William H., A. D. Haller and G. W. Ohlendorf (1970). *"The education and early occupational attainment process: replication and revision.*" American Sociological Review 35, 1014–1027.

Sewell, William H., Robert M. Hauser and Wendy C. Wolf (1980). *"Sex, schooling and occupational status.*" American Journal of Sociology 86, 551–583.

Shin, Doh C. (1980). *"Does rapid economic growth improve the human lot? Some empoirocal evidence.*" Dordrecht, Holland: D. Reidel: Social Indicators Research 8 (2), 199–221.

Skocpol, J. (1977). *"Wallerstein's* World *Capitalist System: A theortical and Historical critique.*" American Journal of Sociology 82 (5), 1075–1090.

Snyder, David and Edward L. Kick (1979). *"Structural position in the world system and economic growth, 1955-1970: A multiple-network analysis of transnatinoal interactions.*" American Journal of Sociology 84 (5), 1096–1126.

Teachman, Jay D. (1987). *"Family background, educational resources, and educational attainment.*" American Sociological Review 52 (4), 548–557.

Tsai Shu-ling (1984). *"Sex and social stratification: A review of literature.*" Chinese Journal of Sociology 8, 223–239.

Tsai Yun-mei and Mark C. Thelin (1966). *"Occupational Rating: A comparison between and within groups.*" Tunghai Journal 7 (1), 163–174.

Wilber, George L. (1982). *"Migration and occupational achievement in Taiwan.*" Chinese Journal of Sociology 6, 117–153.

Wilson, K. L. (1975). *"The educational attainment process: results from a national sample.*" American Journal of Sociology 81 (2), 343–363.

Wright, Erik O., and L. Perrone (1977). *"Marxist class categories and income inequality."* American Journal of Sociology 42, 32–55.

Wu Chi-yuen (1974). *"Growth Models and Limits to growth models as basic for public policy-makeing in economic development."* Policy Sciences 5, 191–211.

Wu Chi-yuen (1983). *"National development objectives in late twenieth century as compared with those in the nineteeth century."* Tunghai J. of Soc. Sciences 1, 63–91.

COLLECTION

Bielly, W. T. and Robert M. Hauser (1977). "*Structural equation models.*" in Annual Review of Sociology Vol. 3. ed. by Inkeles, Alex. et al. Palo Alto, Ca.: Annual Review Press, 137-161.

Duncan, O. D. (1962). "*A socioeconomic index for all occupations.*" in A. J. Reiss, Jr. ed., Occupations and Social Status. New York: Free Press, 109-138.

Duncan, O. D., and D. L. Featherman (1973). "*Psychological and cultural factor in the process of occupational achievement.*" in Structural equation models in the Social Sciences. New York: Seminar Press, 229-252.

Hauser, Robert M. (1973). "*Disaggregating a social psychological model of educational attainment.*" in Structural Equation Models in the Social Sciences. ed. A. S. Goldberger. New York: Seminar Press, 255-284.

Marsh, Robert M. (1970). "*Evolution and Revolution: Two types of changes in china's system of Social stratification.*" in Tuden, A. and L. Plotnikov eds. Essays. Pittsburgh: University of Pittsburgh Press, 149-172.

Martin, Elizabeth (1983). "*Survey as social indicators: Problems in Monitoring Trends.*" in Handbook of Survey Research, ed. by P. Rossi, J. D. Wright and A. B. Anderson. New York: Academic Press, 677-743.

Matras, J. (1980). "*Comparative social mobility.*" in A. Inkeles, N. J. Semelser, and R. H. Turner (eds.) Annual Review of Sociology Vol. 6. Palo Alto, Ca.: Annual Review Press, 401-431.

Treiman, Donald J. (1970). "*Industrialization and social Stratification.*" in Laumann, E. O. ed. Social Stratification: Research and Theory for the 1970's. Indianapolis. Ind.: Bobbs-Merrill, 207-234.

滄海叢刊已刊行書目 (八)

書　　名	作　者	類　別
文學欣賞的靈魂	劉述先	西洋文學
西洋兒童文學史	葉詠琍	西洋文學
現代藝術哲學	孫旗譯	藝術
音樂人生	黃友棣	音樂
音樂與我	趙琴	音樂
音樂伴我遊	趙琴	音樂
爐邊閒話	李抱忱	音樂
琴臺碎語	黃友棣	音樂
樂林蓽露	黃友棣	音樂
樂谷鳴泉	黃友棣	音樂
樂韻飄香	黃友棣	音樂
樂圃長春	黃友棣	音樂
色彩基礎	何耀宗	美術
水彩技巧與創作	劉其偉	美術
繪畫隨筆	陳景容	美術
素描的技法	陳景容	美術
人體工學與安全	劉其偉	美術
立體造形基本設計	張長傑	美術
工藝材料	李鈞棫	美術
石膏工藝	李鈞棫	美術
裝飾工藝	張長傑	美術
都市計劃概論	王紀鯤	建築
建築設計方法	陳政雄	建築
建築基本畫	陳榮美、楊麗黛	建築
建築鋼屋架結構設計	王萬雄	建築
中國的建築藝術	張紹載	建築
室內環境設計	李琬琬	建築
現代工藝概論	張長傑	雕刻
藤竹工	張長傑	雕刻
戲劇藝術之發展及其原理	趙如琳譯	戲劇
戲劇編寫法	方寸	戲劇
時代的經驗	汪琪、彭家發	新聞
大眾傳播的挑戰	石永貴	新聞
書法與心理	高尚仁	心理

滄海叢刊巳刊行書目 (七)

書　名	作　者	類	別
印度文學歷代名著選(上)(下)	糜文開編譯	文	學
寒　山　子　研　究	陳　慧　劍	文	學
魯　迅　這　個　人	劉　心　皇	文	學
孟　學　的　現　代　意　義	王　支　洪	文	學
比　　較　　詩　　學	葉　維　廉	比　較　文	學
結構主義與中國文學	周　英　雄	比　較　文	學
主題學研究論文集	陳鵬翔主編	比　較　文	學
中國小說比較研究	侯　　健	比　較　文	學
現象學與文學批評	鄭樹森編	比　較　文	學
記　　號　　詩　　學	古　添　洪	比　較　文	學
中　美　文　學　因　緣	鄭樹森編	比　較　文	學
文　　學　　因　　緣	鄭　樹　森	比　較　文	學
比較文學理論與實踐	張　漢　良	比　較　文	學
韓　非　子　析　論	謝　雲　飛	中　國　文	學
陶　淵　明　評　論	李　辰　冬	中　國　文	學
中　國　文　學　論　叢	錢　　穆	中　國　文	學
文　　學　　新　　論	李　辰　冬	中　國　文	學
離騷九歌九章淺釋	繆　天　華	中　國　文	學
苕華詞與人間詞話述評	王　宗　樂	中　國　文	學
杜　甫　作　品　繫　年	李　辰　冬	中　國　文	學
元　曲　六　大　家	應　裕　康 王　忠　林	中　國　文	學
詩　經　研　讀　指　導	裴　普　賢	中　國　文	學
迦　陵　談　詩　二　集	葉　嘉　瑩	中　國　文	學
莊　子　及　其　文　學	黃　錦　鋐	中　國　文	學
歐陽修詩本義研究	裴　普　賢	中　國　文	學
清　真　詞　研　究	王　支　洪	中　國　文	學
宋　儒　風　範	董　金　裕	中　國　文	學
紅樓夢的文學價值	羅　　盤	中　國　文	學
四　說　論　叢	羅　　盤	中　國　文	學
中國文學鑑賞舉隅	黃慶萱 許家鸞	中　國　文	學
牛李黨爭與唐代文學	傅　錫　壬	中　國　文	學
增　訂　江　皋　集	吳　俊　升	中　國　文	學
浮　士　德　研　究	李辰冬譯	西　洋　文	學
蘇　忍　尼　辛　選　集	劉安雲譯	西　洋　文	學

書　　　　　名	作　　者	類	別
卡薩爾斯之琴	葉石濤	文	學
青囊夜燈	許振江	文	學
我永遠年輕	唐文標	文	學
分析文學	陳啟佑	文	學
思想起	陌上塵	文	學
心酸記	李喬	文	學
離訣	林蒼鬱	文	學
孤獨園	林蒼鬱編	文	學
托塔少年	林文欽編	文	學
北美情逅	卜貴美	文	學
女兵自傳	謝冰瑩	文	學
抗戰日記	謝冰瑩	文	學
我在日本	謝冰瑩	文	學
給青年朋友的信（上）（下）	謝冰瑩	文	學
冰瑩書東	謝冰瑩	文	學
孤寂中的廻響	洛夫	文	學
火天使	趙衛民	文	學
無塵的鏡子	張默	文	學
大漢心聲	張起鈞	文	學
回首叫雲飛起	羊令野	文	學
康莊有待	向陽	文	學
情愛與文學	周伯乃	文	學
湍流偶拾	繆天華	文	學
文學之旅	蕭傳文	文	學
鼓瑟集	幼柏	文	學
種子落地	葉海煙	文	學
文學邊緣	周玉山	文	學
大陸文藝新探	周玉山	文	學
累廬聲氣集	姜超嶽	文	學
實用文纂	姜超嶽	文	學
林下生涯	姜超嶽	文	學
材與不材之間	王邦雄	文	學
人生小語（一）（二）	何秀煌	文	學
兒童文學	葉詠琍	文	學

滄海叢刊已刊行書目 (五)

書　　　名	作　者	類	別
中西文學關係研究	王潤華	文	學
文開隨筆	糜文開	文	學
知識之劍	陳鼎環	文	學
野草詞	韋瀚章	文	學
李韶歌詞集	李韶	文	學
石頭的研究	戴天	文	學
留不住的航渡	葉維廉	文	學
三十年詩	葉維廉	文	學
現代散文欣賞	鄭明娳	文	學
現代文學評論	亞菁	文	學
三十年代作家論	姜穆	文	學
當代臺灣作家論	何欣	文	學
藍天白雲集	梁容若	文	學
見賢集	鄭彥棻	文	學
思齊集	鄭彥棻	文	學
寫作是藝術	張秀亞	文	學
孟武自選文集	薩孟武	文	學
小說創作論	羅盤	文	學
細讀現代小說	張素貞	文	學
往日旋律	幼柏	文	學
城市筆記	巴斯	文	學
歐羅巴的蘆笛	葉維廉	文	學
一個中國的海	葉維廉	文	學
山外有山	李英豪	文	學
現實的探索	陳銘磻編	文	學
金排附	鍾延豪	文	學
放鷹	吳錦發	文	學
黃巢殺人八百萬	宋澤萊	文	學
燈下燈	蕭蕭	文	學
陽關千唱	陳煌	文	學
種籽	向陽	文	學
泥土的香味	彭瑞金	文	學
無緣廟	陳艷秋	文	學
鄉事	林清玄	文	學
余忠雄的春天	鍾鐵民	文	學
吳煦斌小說集	吳煦斌	文	學

滄海叢刊已刊行書目 (四)

書　　名	作　者	類	別
歷　史　圈　外	朱　　桂	歷	史
中　國　人　的　故　事	夏　雨　人	歷	史
老　　臺　　灣	陳　冠　學	歷	史
古　史　地　理　論　叢	錢　　穆	歷	史
秦　　漢　　史	錢　　穆	歷	史
秦　漢　史　論　稿	刑　義　田	歷	史
我　這　半　生	毛　振　翔	歷	史
三　生　有　幸	吳　相　湘	傳	記
弘　一　大　師　傳	陳　慧　劍	傳	記
蘇　曼　殊　大　師　新　傳	劉　心　皇	傳	記
當　代　佛　門　人　物	陳　慧　劍	傳	記
孤　兒　心　影　錄	張　國　柱	傳	記
精　忠　岳　飛　傳	李　　安	傳	記
八十憶雙親、師友雜憶 合刊	錢　　穆	傳	記
困　勉　強　狷　八　十　年	陶　百　川	傳	記
中　國　歷　史　精　神	錢　　穆	史學	學
國　　史　　新　　論	錢　　穆	史學	學
與西方史家論中國史學	杜　維　運	史學	學
清　代　史　學　與　史　家	杜　維　運	史學	學
中　國　文　字　學	潘　重　規	語	言
中　國　聲　韻　學	潘　重　規、陳　紹　棠	語	言
文　學　與　音　律	謝　雲　飛	語	言學
還　鄉　夢　的　幻　滅	賴　景　瑚	文	學
葫　蘆　·　再　見	鄭　明　娳	文	學
大　地　之　歌	大　地　詩　社	文	學
青　　春	葉　蟬　貞	文	學
比較文學的墾拓在臺灣	古添洪、陳慧樺 主編	文	學
從　比　較　神　話　到　文　學	古添洪、陳慧樺	文	學
解　構　批　評　論　集	廖　炳　惠	文	學
牧　場　的　情　思	張　媛　媛	文	學
萍　踪　憶　語	賴　景　瑚	文	學
讀　書　與　生　活	琦　君	文	學

滄海叢刊巳刊行書目 (三)

書　　　　名	作　者	類	別
不　疑　不　懼	王　洪　鈞	教	育
文　化　與　教　育	錢　　穆	教	育
教　育　叢　談	上官業佑	教	育
印　度　文　化　十　八　篇	糜　文　開	社	會
中　華　文　化　十　二　講	錢　　穆	社	會
清　代　科　舉	劉　兆　璸	社	會
世　界　局　勢　與　中　國　文　化	錢　　穆	社	會
國　家　論	薩　孟　武　譯	社	會
紅　樓　夢　與　中　國　舊　家　庭	薩　孟　武	社	會
社　會　學　與　中　國　研　究	蔡　文　輝	社	會
我　國　社　會　的　變　遷　與　發　展	朱岑樓主編	社	會
開　放　的　多　元　社　會	楊　國　樞	社	會
社　會、文　化　和　知　識　份　子	葉　啟　政	社	會
臺　灣　與　美　國　社　會　問　題	蔡文輝 蕭新煌 主編	社	會
日　本　社　會　的　結　構	福武直 著 王世雄 譯	社	會
三　十　年　來　我　國　人　文　及　社　會 科　學　之　回　顧　與　展　望		社	會
財　經　文　存	王　作　榮	經	濟
財　經　時　論	楊　道　淮	經	濟
中　國　歷　代　政　治　得　失	錢　　穆	政	治
周　禮　的　政　治　思　想	周世輔 周文湘	政	治
儒　家　政　論　衍　義	薩　孟　武	政	治
先　秦　政　治　思　想　史	梁啟超原著 賈馥茗標點	政	治
當　代　中　國　與　民　主	周　陽　山	政	治
中　國　現　代　軍　事　史	劉馥 著 梅寅生 譯	軍	事
憲　法　論　集	林　紀　東	法	律
憲　法　論　叢	鄭　彥　棻	法	律
師　友　風　義	鄭　彥　棻	歷	史
黃　　帝	錢　　穆	歷	史
歷　史　與　人　物	吳　相　湘	歷	史
歷　史　與　文　化　論　叢	錢　　穆	歷	史

滄海叢刊已刊行書目 (一)

書　　　　名	作　　者	類　　　　別
語　言　哲　學	劉　福　增	哲　　　　學
邏　輯　與　設　基　法	劉　福　增	哲　　　　學
知識・邏輯・科學哲學	林　正　弘	哲　　　　學
中　國　管　理　哲　學	曾　仕　強	哲　　　　學
老　子　的　哲　學	王　邦　雄	中　國　哲　學
孔　學　漫　談	余　家　菊	中　國　哲　學
中　庸　誠　的　哲　學	吳　　　怡	中　國　哲　學
哲　學　演　講　錄	吳　　　怡	中　國　哲　學
墨　家　的　哲　學　方　法	鐘　友　聯	中　國　哲　學
韓　非　子　的　哲　學	王　邦　雄	中　國　哲　學
墨　家　哲　學	蔡　仁　厚	中　國　哲　學
知　識、理　性　與　生　命	孫　寶　琛	中　國　哲　學
逍　遙　的　莊　子	吳　　　怡	中　國　哲　學
中國哲學的生命和方法	吳　　　怡	中　國　哲　學
儒　家　與　現　代　中　國	韋　政　通	中　國　哲　學
希　臘　哲　學　趣　談	鄔　昆　如	西　洋　哲　學
中　世　哲　學　趣　談	鄔　昆　如	西　洋　哲　學
近　代　哲　學　趣　談	鄔　昆　如	西　洋　哲　學
現　代　哲　學　趣　談	鄔　昆　如	西　洋　哲　學
現　代　哲　學　述　評(一)	傅　佩　榮譯	西　洋　哲　學
懷　海　德　哲　學	楊　士　毅	西　洋　哲　學
思　想　的　貧　困	韋　政　通	思　　　　想
不以規矩不能成方圓	劉　君　燦	思　　　　想
佛　學　研　究	周　中　一	佛　　　　學
佛　學　論　著	周　中　一	佛　　　　學
現　代　佛　學　原　理	鄭　金　德	佛　　　　學
禪　話	周　中　一	佛　　　　學
天　人　之　際	李　杏　邨	佛　　　　學
公　案　禪　語	吳　　　怡	佛　　　　學
佛　教　思　想　新　論	楊　惠　南	佛　　　　學
禪　學　講　話	芝峯法師譯	佛　　　　學
圓滿生命的實現 （布施波羅蜜）	陳　柏　達	佛　　　　學
絕　對　與　圓　融	霍　韜　晦	佛　　　　學
佛　學　研　究　指　南	關　世　謙譯	佛　　　　學
當　代　學　人　談　佛　教	楊　惠　南編	佛　　　　學

滄海叢刊巳刊行書目 (一)

書　　　　名	作　　者	類　　　　別
國父道德言論類輯	陳　立　夫	國　父　遺　教
中國學術思想史論叢 (一)(二)(三)(四)(五)(六)(七)(八)	錢　　穆	國　　　　學
現代中國學術論衡	錢　　穆	國　　　　學
兩漢經學今古文平議	錢　　穆	國　　　　學
朱子學提綱	錢　　穆	國　　　　學
先秦諸子繫年	錢　　穆	國　　　　學
先秦諸子論叢	唐　端　正	國　　　　學
先秦諸子論叢 (續篇)	唐　端　正	國　　　　學
儒學傳統與文化創新	黃　俊　傑	國　　　　學
宋代理學三書隨劄	錢　　穆	國　　　　學
莊子纂箋	錢　　穆	國　　　　學
湖上閒思錄	錢　　穆	哲　　　　學
人生十論	錢　　穆	哲　　　　學
晚學盲言	錢　　穆	哲　　　　學
中國百位哲學家	黎　建　球	哲　　　　學
西洋百位哲學家	鄔　昆　如	哲　　　　學
現代存在思想家	項　退　結	哲　　　　學
比較哲學與文化 (一)(二)	吳　　森	哲　　　　學
文化哲學講錄 (一)(二)(三)(四)	鄔　昆　如	哲　　　　學
哲學淺論	張　　康譯	哲　　　　學
哲學十大問題	鄔　昆　如	哲　　　　學
哲學智慧的尋求	何　秀　煌	哲　　　　學
哲學的智慧與歷史的聰明	何　秀　煌	哲　　　　學
內心悅樂之源泉	吳　經　熊	哲　　　　學
從西方哲學到禪佛教 ──「哲學與宗教」一集──	傅　偉　勳	哲　　　　學
批判的繼承與創造的發展 ──「哲學與宗教」二集──	傅　偉　勳	哲　　　　學
愛的哲學	蘇　昌　美	哲　　　　學
是與非	張　身　華譯	哲　　　　學